el huerto en 1 m² para niños

para niños

PARA APRENDER JUNTOS
- TÉCNICAS BÁSICAS DE HORTICULTURA
- CIENCIAS Y MATEMÁTICAS
- CONSERVACIÓN DEL AGUA
- AUTOSUFICIENCIA
- ALIMENTACIÓN SALUDABLE

BLUME

mel bartholomew

BLUME

Título original *Square Metre Gardening with Kids*

Edición Mark Johanson

Diseño Brad Springer, Ryan Scheife, Mayfly Design

Traducción Maite Rodríguez Fischer

Revisión de la edición en lengua española
Xavier Bellido Ojeda, *Jardinero*

Coordinación de la edición en lengua española
Cristina Rodríguez Fischer

Primera edición en lengua española 2015

© 2015 Naturart, S.A. Editado por BLUME
Av. Mare de Déu de Lorda, 20
08034 Barcelona
Tel. 93 205 40 00 Fax 93 205 14 41
e-mail: info@blume.net
© 2014 Cool Springs Press, Minneapolis
© 2014 del texto Square Foot Gardening Foundation

ISBN: 978-84-16138-31-9

Impreso en China

Contenido

Introducción al huerto en 1 m^2 para niños 5

Obtener el máximo provecho de este libro 15

1. Los niños y el huerto van de la mano como las zanahorias
   y los tomates 18

2. Construir juntos: el cajón para el huerto en 1 m^2 41

3. Ensuciarse: preparar la mezcla de Mel es tan fácil
   como hacer un pastel 63

4. El milagro en un cajón: la emoción de cultivar un huerto 75

5. La recompensa 113

6. Guía infantil de hortalizas y hierbas 141

Referencias 169

Índice 171

Notas 175

Conozca a Mel Bartholomew 176

Introducción al huerto en 1 m² para niños

Hola, soy Mel Bartholomew, creador de la horticultura en 1 m², y estoy muy contento de haber escrito este libro. Desde que comencé a practicar la horticultura hace casi 40 años, he tenido la intención de escribir un libro sobre horticultura para niños. La razón es muy simple: a los niños les encanta jugar con la tierra y observar cómo sus plantas se convierten en alimentos. De hecho, los niños siempre han sido mis mejores alumnos, y también los más entusiastas.

La horticultura en 1 m² es más que una simple actividad para entretener a los niños. También es una manera ideal para que los padres, abuelos, profesores y líderes les enseñen un millón de lecciones útiles sobre prácticamente cualquier tema. Si está buscando una manera de aprender, divertirse y relacionarse con los jóvenes, no encontrará un vehículo mejor, más saludable, positivo (¡y divertido!) que la construcción, siembra y cosecha de 1 m² de huerto en su compañía.

El *huerto en 1 m² para niños* habla de los niños y de la horticultura, aunque está escrito en su mayor parte para los adultos, ya que son estos quienes se encargarán de la mayor parte de las enseñanzas. En las páginas siguientes encontrará una gran cantidad de ideas para involucrar a los niños de diferentes edades y darles lecciones sobre diversas materias que van desde las matemáticas hasta la lectura y la escritura, pasando por el arte. Solo recuerde que usted es quien mejor conoce a su hijo y a usted mismo. Si las matemáticas no son su fuerte y pueden desanimarlo, pase a otro tema que pueda apasionarle más. En ocasiones basta con enseñarle el valor de cultivar sus propios alimentos, y el sencillo placer de salir al jardín y formar parte de la naturaleza. Pero sea cual sea la manera de involucrar a sus hijos, estoy plenamente seguro de que encontrará abundantes enfoques para aprender sobre cada tema y también sobre la vida a través del cristal didáctico de la horticultura en 1 m².

¿Qué es la horticultura en 1 m²?

Desarrollé esta idea hace 40 años y desde entonces he dedicado la mayor parte de mi tiempo a difundirla y enseñarla a nuevos horticultores a pequeña escala. Tengo mucho que explicar sobre ella –y no solo cómo se realiza, sino cuánto bien puede suponer para todo el mundo. Se dará cuenta en cuanto lea mi libro. Una vez dicho esto, *El huerto en 1 m² para niños* se centra de un modo específico en los niños y cómo enseñarles para que aprendan y se diviertan. Le daré suficiente información sobre el método mientras avanzamos, para que pueda explicarlo. Pero, si el trabajo en el huerto es novedoso para usted y realmente quiere conocer todos sus pormenores y beneficios, necesitará más referencias. Le sugiero que lea la primera edición de *El huerto en 1 m²* que publicamos en 2013.

A continuación presentamos una introducción concisa a los fundamentos (y algunos de los porqués) que debe conocer quien tenga pensado iniciar un huerto en 1 m².

• •

La construcción, la siembra, el cuidado y la cosecha del propio cajón para el huerto de 1 m² es un proyecto divertido y gratificante tanto para los niños como para los adultos.

• •

Un huerto en 1 m² es un marco de siembra sencillo, de 1 m por lado y dividido en una cuadrícula de 9 cuadrados de 30 × 30 cm cada uno, en el que pueden sembrarse hasta 9 especies distintas.

El método de horticultura más simple (y el mejor)

Antes de comenzar a enseñar o aprender cualquier cosa relacionada con la horticultura en 1 m², debe conocer los fundamentos del método. Por suerte, el método siempre ha sido muy sencillo, y recientemente lo modifiqué para que resultase aún más fácil. Me gusta decir que la horticultura en 1 m² tiene que ver tanto con lo que no necesita como con lo que necesita. Con este huerto no necesita un gran espacio en su jardín, no necesita buena tierra, no necesita cavar y desherbar continuamente, no necesita herramientas, fer-

tilizantes, pesticidas ni insecticidas. Es un método de horticultura natural y ecológico. No necesita demasiado tiempo ni analgésicos, ya que no tendrá que cavar ni realizar otros trabajos de la horticultura tradicional que agotan y producen dolor. Es esta simplicidad la que hace que sea una actividad perfecta para emprender con los niños. Incluso los más jóvenes entenderán los principios enseguida y, como no tendrán que dedicar mucho tiempo a trabajar bajo el sol abrasador, disfrutarán con la horticultura y serán constantes.

Con el método del huerto en 1 m², un cajón de siembra elevada se llena con una mezcla especial y se divide en cuadrados (30 × 30 cm). En cada cuadrado (9 en el caso de un cajón de 1 m² y 16 en uno de 1,2 × 1,2 m) se siembra una hortaliza, hierba o flor distinta. Según el espacio que requiera la planta madura, puede cultivar entre 1 y 16 plantas en cualquier cuadrado. Como la mezcla de plantación es nueva, prácticamente no es necesario desherbar. En realidad, solo hace falta regar y esperar.

En un huerto de 1 m² no existe el trabajo asociado a un huerto. No hay que cavar ni desherbar. ¡Y no es broma! Es una manera sencilla y simple de cultivar productos frescos y deliciosos.

El huerto en 1 m² y las escuelas

Escribí este libro con la idea de que fuera leído por padres, maestros y niños mayores para compartir las ideas con los más jóvenes. Sé que esta forma de enseñanza funciona porque lo he comprobado muchas veces. Uno de los mejores ejemplos con los que me he encontrado es una profesora de primaria que utilizó el método para enseñar todas las asignaturas del curso, incluso la historia, las ciencias y el arte. ¿Saben cómo comenzó a entusiasmar a los niños para que aprendieran todas las asignaturas a partir del huerto? Reunió a todos sus alumnos, los sentó en el suelo a su alrededor y les leyó algunas partes de mi primer libro, *El huerto en 1 m²*. Se trataba de niños de 6 y 7 años. A continuación construyeron su propio cajón de 1 m² y cada alumno tomó posesión de su propio cuadrado para dar comienzo a su aventura en el aprendizaje. Usted puede hacer lo mismo con este libro. Le daré algunos consejos que considero valiosos y me extenderé ampliamente sobre los principios básicos, para ayudarle a usted y a los niños a extraer el máximo provecho de la horticultura.

Muchos colegios de todo el país han incorporado la horticultura en 1 m² en el jardín o el huerto del colegio como recurso didáctico para abordar las innumerables lecciones sobre tantos temas que se estudian en el colegio. Puedo asegurárselo: he vivido momentos realmente maravillosos mientras recorría colegios donde los niños mostraban orgullosos sus huertos. A veces resultaba difícil entender a los pequeños cuando explicaban todo lo que habían cultivado y lo que habían aprendido, ya que hablaban a una velocidad vertiginosa, debido a la emoción que sentían. Y creo que ni siquiera son plenamente conscientes de todo lo que están aprendiendo, porque la horticultura en 1 m² hace del aprendizaje una pura diversión.

La construcción, siembra y cosecha de los cajones del huerto en 1 m² constituye una actividad divertida en los colegios. Puede utilizar la horticultura para enseñar cualquier asignatura: el caso de las matemáticas es más obvio, pero la historia, la biología y la gestión de recursos también pueden aprenderse con el cajón.

El huerto en 1 m², la versión condensada

El cultivo de un huerto de 1 m² con niños supone la construcción de un cajón ligeramente más pequeño que el requerido para un adulto, aunque todo lo demás es igual. Esto implica que puede utilizar toda la información que se presenta a continuación tanto para su huerto como para el de sus hijos. Aquí presento un resumen del curso sobre el método.

El cajón

La horticultura en 1 m² comienza con un cajón cuadrado especial que se coloca encima del terreno. El cajón permite un acceso fácil y contiene todo lo necesario para el cultivo de su huerto en 1 m², incluso la tierra. Puede colocarle un fondo de madera contrachapada para hacerlo portátil. Un cajón simple mide 1×1 m (y 15 cm de altura) y se divide en 9 cuadrados, por lo que incluso los niños alcanzan el cuadro central sin pisar su interior. Si desea enseñar el método a toda una clase de escolares, necesitará más de un cajón. Donde el espacio o los recursos estén limitados, puede justificarse el empleo de un cajón de mayor tamaño. Así, un cajón de $1,2 \times 1,2$ m y 15 cm de altura se puede dividir en 16 cuadrados iguales. En principio seleccioné esta medida de cajón basándome en el tamaño de un adulto y sus posibilidades para acceder y cuidar su huerto. También funciona para adolescentes, pero no para niños pequeños.

Los cajones pueden construirse con cualquier material que no contenga contaminantes como conservantes o pintura. He visto cajones de todos los materiales imaginables. Pero prefiero utilizar madera, sobre todo la que puedo obtener gratis, como restos de otros proyectos constructivos. Puede comprar un cajón semillero prefabricado, pero igual tendrá que construir su propia cuadrícula y así convertirlo en un auténtico huerto en 1 m².

Ahora es cuando usted podría decir: «Espere, Mel. ¿Cómo un cajón tan pequeño producirá suficientes hortalizas para que valga la pena?». Pues bien, esa es la auténtica belleza de un huerto en 1 m². Requiere menos agua, menos tierra, menos semillas, ningún fertilizante y poco trabajo para obtener un rendimiento 5 veces mayor que con la misma cantidad de espacio en un huerto tradicional con hileras.

El cajón es lo bastante pequeño para que los niños lleguen al centro. Puede construir algo más grande, pero asegúrese de que accedan a todo el huerto.

Supersustrato

No utilizaremos la tierra del jardín en nuestros cajones, porque la tierra de la mayoría de los jardines es bastante pobre. Ese es el motivo por el cual los horticultores tradicionales deben trabajar tanto, remover la tierra cada primavera, añadir los fertilizantes, mezclar los mejorantes y todo tipo de sustancias. Es un montón de trabajo, ¡y hay que hacerlo cada primavera! En cambio, nuestro cajón estará relleno de una mezcla especial que denomino «la mezcla de Mel», compuesta a partes iguales de compost (mejor si es de 5 marcas distintas o más), turba o fibra de coco y vermiculita gruesa. La creé especialmente para proporcionar un suelo suelto, trabajable y nutritivo, que absorba el agua suficiente para que sus plantas crezcan sanas. Las plantas no se secan en esta mezcla, y se aprovecha hasta la última gota de agua.

Diseñé esta mezcla para que tuviera un pH más o menos neutro. El pH es la medida del equilibrio entre la acidez y la alcalinidad del suelo, y el pH neutro resulta ideal para la mayoría de las plantas de jardín. Y lo que es aún mejor, significa que no debe añadir nada más a la mezcla de Mel para que las plantas comiencen a crecer como locas.

Puede preparar su propia mezcla como sustrato y será la última vez que tendrá que pelearse con la tierra. Durará unos 10 años, y bastará con agregar un puñado de compost a cada cuadrado cada vez que coseche y replante.

La mezcla de Mel no solo ofrece a las plantas un crecimiento inmejorable, sino que le ahorrará trabajo, ya que nunca debe cavar ni abonar. Este sustrato tiene muy pocas semillas, por lo que los niños rara vez deberán desherbar su huerto en 1 m². Pregúnteles qué les parece esto.

El supersustrato utilizado es una mezcla a partes iguales de turba, compost y vermiculita denominada «mezcla de Mel». Vuelque todos los ingredientes en una carretilla o sobre una lona y mézclelos. ¡Ya está!

Planificar y sembrar

La decisión sobre lo que debe plantar en el cajón es lo más divertido que sus hijos harán en el huerto. ¡Las posibilidades son casi infinitas! Lo ideal es plantar algo distinto en cada cuadrícula de huerto, pero no hay límites. Algunas plantas prefieren estar juntas, como el maíz dulce, al que se le pueden destinar varios cuadrados. La mayor parte de las plantas pueden estar solas en su porción de cuadrícula.

La cuadrícula realmente es necesaria. Si no tiene una cuadrícula, no se trata de un huerto en 1 m². Se coloca la cuadrícula encima de la tierra, sobre el cajón, y se sujeta. Esta delimita cada cuadrado y contribuye a mantener el orden y la limpieza.

La cuadrícula ayuda a organizar las plantas en el cajón. Estas vienen en tamaños distintos, como las camisas:

Muy grandes = 1 por cuadrado

Grandes = 4 por cuadrado

Medianas = 9 por cuadrado

Pequeñas = 16 por cuadrado

Dependiendo de las plantas destinadas a cada cuadrado, este se divide en un determinado número de cuadrados más pequeños. ¿Visualiza todas las posibilidades para enseñar fracciones?

Conozco un método especial (y muy divertido) para enseñar a los niños a marcar los cuadrados de menor tamaño en su huerto. Lo denomino «zip, zap, bing, bing, bing, bing», y lo explico en la página 82. Se trata de un truco fantástico para ayudar a los más pequeños a plantar en una cuadrícula

«Zip, zap, bing, bing, bing, bing» es un método para espaciar las semillas.

uniforme sin preocuparse demasiado y sin necesidad de medir. A los niños les encanta (y también funciona para los adultos).

Conserve un cubo lleno de agua cerca del cajón de su huerto, a ser posible al sol.
Sumerja el vaso en el cubo cuando las plantas tengan sed y deles un trago.

Cultivar el huerto

Como la mezcla de Mel es tierra nueva, casi no se verá en la necesidad de desherbar su huerto en 1 m². Conforme las plantas vayan creciendo, necesitarán agua, por supuesto. El proceso es muy simple; llene un cubo con agua y colóquelo cerca del cajón; deje caer una taza pequeña en el cubo y listo: ahí tiene su sistema de riego.

La idea es que los niños rieguen las plantas cuando la tierra se seque y que verifiquen la tierra cada día. Enseñe a sus hijos a tratar a las plantas como a niños. Si hace calor fuera, y un niño necesita agua, las plantas también. ¿Cuánta? Depende del tamaño. Los niños grandes necesitan un vaso grande, etcétera. ¿Ve la lógica de la horticultura?

Mantener el cubo cerca del cajón de su huerto facilita el riego, pero también asegura que las plantas obtengan un agua maravillosa, calentada por el sol.

Ya sea un melón, un calabacín, un tomate o una zanahoria, cosechar una hortaliza o fruta madura cultivada por uno mismo es como abrir un regalo el día de Navidad... pero mejor, porque se ha conseguido algo mágico.

La cosecha

Nada supera la sonrisa de un niño cuando cosecha su primer tomate. Está maduro y rojo, con toda seguridad será jugoso y, además, es suyo. Esa alegría en estado puro es lo que hace de la cosecha del huerto de 1 m^2 mi momento favorito, y el de todos los niños que se han esforzado en cultivar sus propios huertos. ¡Su labor tiene una recompensa (incluso si se trata más de un juego que de un trabajo)!

Conforme el huerto madura, hay muchas oportunidades de enseñar a los niños a obtener el mayor provecho de sus plantas. También deben aprender a discernir cuándo una fruta u hortaliza está madura, y cuál es la manera de cosechar sin dañar las plantas. Por supuesto, los chicos mayores también pueden aprender a aprovechar mejor su

huerto en 1 m^2 con la rotación de cultivos y la horticultura vertical. ¡Así que vamos a aprender a sacar partido a esos huertos!

Obtener el máximo provecho de este libro

L a horticultura en 1 m² es una manera maravillosa de reunir a la familia para realizar una actividad positiva, saludable y productiva. Es muy estimulante ver como los niños sacan pecho cuando cosechan su primera zanahoria o cortan el primer tomate que han cultivado ellos solos. Esto les proporciona una gran confianza en sí mismos y fomenta su autoestima. Por supuesto querrán comer todo lo que cultiven, así que su alimentación también será más sana. Y como comprobará conforme continúe leyendo, construir y plantar un huerto en 1 m² es la manera ideal de transmitir conocimientos sobre ciencia, ecología, matemáticas, diseño e incluso arte, lengua y lógica, sin mencionar la horticultura y la autosuficiencia.

Mantener la atención de los niños no es un problema en el huerto, porque, como cultivarán tantas cosas en un espacio tan pequeño, siempre habrá algo nuevo e interesante por descubrir. Los niños comprenderán que la horticultura es más un juego que un trabajo; una manera agradable de moverse al aire libre. Y para usted es una forma ideal de pasar un rato con sus hijos, en especial si cuenta con un huerto propio. De hecho, es una idea fantástica contar con su propio cajón. No hay mejor manera de estimular a los niños que con el ejemplo. ¿Y cuántas veces tiene la ocasión de poder reunirse con sus hijos en un entorno tan saludable y agradable?

Así se podría resumir todo el proceso de la horticultura en 1 m²: construir un cajón, llenarlo con la mezcla de Mel, poner encima una cuadrícula, decidir sobre la siembra, sembrar, cultivar y cosechar. ¿No le dije que sería sencillo? Y durante todo este proceso nadie tendrá que desherbar, cavar, tratar el suelo o realizar trabajos duros, que entorpecerían bastante el proceso de aprendizaje y diversión. Los niños verifican regularmente sus plantas, se aseguran de que los insectos no las molesten y cosechan los frutos cuando están maduros.

El cajón para el huerto de su hijo puede ser simple y funcional, brillante y colorido o personalizado con muchos accesorios. La decisión conjunta sobre todo esto es una gran parte de la diversión.

Consejos para practicar la horticultura con niños

He introducido a bastantes niños en la técnica de la horticultura en 1 m^2 durante los últimos años, y aquí presento unos cuantos consejos y sugerencias que he recopilado durante este tiempo.

- **Comience con modestia.** No hace falta llenar todo el jardín con cajones. Tampoco es aconsejable, incluso si puede hacerlo. Los niños solo deben cultivar lo que esté dentro de sus posibilidades y lo que se vayan a comer o puedan regalar con facilidad. Recuerde, el huerto en 1 m^2 no es un trabajo y tampoco debe parecerlo. Comience con una única caja de 1 × 1 m por niño la primera temporada. Los colegios asignan un cuadrado por estudiante. La próxima temporada puede añadir una segunda caja si los niños quieren y lo solicitan.

- **Involucre al niño.** Cada una de las etapas del camino (desde la lectura del libro y la construcción del cajón para el huerto, pasando por la siembra, el cultivo y el cuidado de las plantas, hasta la cosecha final) representa una oportunidad para que los niños se involucren, se diviertan y aprendan. Si tiene paciencia, los niños de cualquier edad pueden ayudar a construir cajas, preparar la mezcla de Mel y participar en cada uno de los aspectos del huerto. Incluso si no pueden hacerlo solos, no lo haga en su lugar. Proporcióneles la ayuda necesaria para crear un huerto en 1 m^2 que puedan considerar propio.

- **Refuerce los beneficios.** Cuando su hijo entre corriendo en casa con el calabacín cosechado en su huerto de 1 m^2, no se limite a darle una palmadita en la espalda y decir: «Muy bien, querido». Emociónese también. Busque una receta de sopa de calabacín o prepárelo al gratén ese mismo día para que su pequeño horticultor entienda lo valiosa que ha sido su cosecha.

- **Busque lecciones.** Un huerto de 1 m^2 es un maestro maravilloso. No dude en utilizarlo como herramienta, pero elija las lecciones que no reduzcan el entusiasmo de su hijo. Aproveche los momentos adecuados cuando se presentan, de este modo el trabajo en el huerto siempre será divertido y gratificante tanto para usted como para sus hijos.

- **Comparta.** Los niños adoran compartir sus éxitos, y puede ayudarlos a hacerlo con la horticultura en 1 m^2. Así pues, llame a los abuelos por teléfono, o aún mejor por videoconferencia, para hacerles saber lo que están cultivando. Es una manera genial para que los abuelos y los nietos se relacionen. Invite a los amigos de sus hijos a una fiesta en el jardín y ayude a su hijo a decorar su huerto. Compartir forma parte de la diversión y la aventura del huerto, incluso para los adultos.

- **Diviértase.** Y lo que es más importante: diviértase. La horticultura en 1 m^2 ha cambiado millones de vidas. Las cartas que recibo son una clara indicación de que lo que más impresiona a la gente cuando comienza a practicarla es lo feliz que se siente al hacerlo. Sumérjase en los capítulos siguientes y creo que descubrirá cuánto puede llegar a disfrutar la práctica de la horticultura en 1 m^2 junto a los niños.

De todas las razones para disfrutar la práctica de la horticultura con sus hijos, quizá la más importante sea pasar un rato juntos.

Los niños y el huerto van de la mano como las zanahorias y los tomates

Se asombraría de ver cómo los niños –incluso los más pequeños, párvulos de 2 y 3 años de edad– disfrutan con la horticultura. Pero, si realmente quiere que se involucren y se dediquen, el tipo de huerto para comenzar es uno de 1 m² y el mejor momento es desde el principio. Incluya a sus hijos en la planificación. Este capítulo explica cómo emplear este libro para trabajar con niños de todas las edades en la planificación de un huerto de 1 m², obtener el máximo rendimiento de su tiempo en familia en el jardín y conseguir cosechas que emocionarán a cualquiera. Como todo lo demás, la fase de planificación es muy divertida y supone muy poco esfuerzo.

Un cajón relleno con la mezcla de Mel y nuevos cuadrados para cultivar. ¿Qué puede ser más divertido para un niño de cualquier edad? Y espere a que comiencen a salir plantas hermosas y deliciosas, y pueda cosecharlas y comerlas. Su hijo quedará asombrado, y usted también.

Párvulos en el huerto de 1 m²

Nada me hace más feliz que ver a los pequeños párvulos en el jardín. Donde los padres ven pañales por cambiar, yo veo futuros horticultores de 1 m². Siempre digo a los padres que nunca es demasiado pronto para comenzar a practicar la horticultura con niños. Está claro que no lo harán como usted, pero eso no significa que no puedan salir y beneficiarse de un tiempo de calidad trabajando en el pequeño huerto.

Se trata de adaptarse un poco y tener más paciencia. Comience por hacer que el cajón resulte interesante para su hijo. Un poco de pintura de colores brillantes, atractivos para los niños, en el exterior del cajón (hay que asegurarse de que la pintura queda en el exterior para que los cultivos no se contaminen) hace las delicias de los pequeños. Busque catálogos de semillas y lleve a los niños al vivero. Los pequeños disfrutan observando y tocando las plantas más bonitas. También descubrirá que los párvulos adoran, y lo repito: adoran, la tierra. Les gusta jugar, cavar y pisar la tierra. Eso no es horticultura; tratamos nuestro huerto y todas las plantas como miembros de la familia. Debemos ser amables y ayudarlas a crecer. Ese es el motivo por el cual debe evitar que los pequeños entren en el cajón una vez que esté plantado: ¡no es un arenero! Lo más indicado es darles algo en qué ocuparse. Un cubo pequeño lleno con la mezcla de Mel y una pequeña pala de plástico les harán sentir que forman parte de todo el proceso. A ver qué le parece la siguiente idea: construya un cajón en miniatura de 30 × 30 cm con un fondo, llénelo con la mezcla de Mel y su pequeño tendrá un huerto propio y portátil.

La horticultura puede ser aún más divertida en un grupo grande. No sienta temor de involucrar a los amigos de sus hijos, a sus hermanos, o incluso a toda su clase. Los niños adoran hacer cosas en equipo, y nada mejor para un grupo de niños que un huerto de 1 m². Incluso es posible celebrar una fiesta de cumpleaños alrededor de un cajón; los niños pueden sembrarlo como parte de la celebración.

En este capítulo aprenderá todo lo necesario acerca del cajón de horticultura. ¿Por qué un cajón? Porque proporciona protección a las plantas y un límite que no debe cruzarse por ningún motivo. Por supuesto, también hay que decírselo a la otra parte; puede hablar con sus plantas: «A ver, chicas, ¡quedaos en el cajón!». A lo largo del proceso, veremos lo divertido que resulta aprender con el trabajo en el huerto. ¡Así que manos a la obra!

Los niños no son de un único tamaño

Siempre que sea posible, he intentado que la información de este libro funcione con niños de cualquier tamaño. Una de las maneras de hacerlo es mediante sugerencias para interactuar con niños de distintos grupos de edad. A la derecha se muestra el desglose de edades para cada grupo. A lo largo del libro, encontrará múltiples ejercicios y actividades con variantes sugeridas en función de la edad para adaptar el proceso de aprendizaje a las necesidades e intereses de sus hijos. Recuerde que algunos niños se sienten más cómodos en un grupo distinto al que les corresponde por edad. Usted conoce mejor a sus hijos (o alumnos), así que utilice la información que considere que se adapta mejor a sus horticultores en 1 m².

 Horticultores preescolares = 2 a 5 años

 Aprendices principiantes = 6 a 9 años

Medianos fantásticos = 10 a 13 años

Adolescentes cultivadores = 14 años o más

Empleo de este libro

El huerto en 1 m² para niños contiene la suficiente información para servir como base para la construcción y siembra de su propio huerto en 1 m². Pero, conforme lea, encontrará mucho más que eso. He complementado el método básico para la práctica de la horticultura con una enorme cantidad de lecciones y actividades para compartir. Algunas «lecciones» consisten en formular una única pregunta. Otras se parecen más a una historia. Y otras incluso toman la forma de un pequeño problema (¡aunque no se trata de un examen final!). Están ideadas para ayudar a sus hijos a pensar sobre estas nuevas ideas y a aprender. La intención es que usted y sus hijos se diviertan juntos.

Algunas lecciones del libro se mencionan en el mismo texto, pero otras aparecen en recuadros fáciles de encontrar.

Los recuadros corresponden a alguna de las 5 categorías siguientes:

Construya el suyo	**Descubrimiento científico**
Diversión con el arte	**Actividad en el huerto**
	Problema matemático

Este libro contiene una gran cantidad de información que no pertenece a ninguna de las categorías anteriores. Pero de eso se trata. El cajón es un cuadrado perfecto dividido en una cuadrícula uniforme, pero nunca se sabe lo que se puede encontrar en la cuadrícula. Una berenjena puede crecer al lado del cilantro. Las remolachas pueden ser vecinas de las caléndulas. En el huerto en 1 m² no se trata de colocar todo en hileras perfectas. Simplemente avance y prepárese para las sorpresas.

DIVERSIÓN CON EL ARTE:
Un ejercicio soleado

La planificación de un huerto comienza con los dibujos. Este es pues el momento de buscar unas cuantas hojas grandes de papel y lápices de colores, ceras o rotuladores (reglas, compases y lápices para las plantas) y explorar el exterior soleado (o el lugar donde piense instalar el huerto) con cierto detenimiento. Los niños normalmente prefieren ver las cosas en forma de dibujos, ya que así comprenden mejor los conceptos, y más todavía si ellos mismos hacen el dibujo. Así que los niños empezarán dibujando las distintas posibilidades para ubicar el cajón que van a construir.

🕦 **Horticultores preescolares (2 a 5 años).** Si trabaja con horticultores de 1 m² muy jóvenes, le bastará con recordarles que el sol es muy bueno para las plantas. Pídales que hagan un dibujo del lugar en el que podrían colocar su cajón para el huerto y el aspecto que tendrá cuanto todas las plantas hayan crecido. Asegúrese de que el dibujo incluya un sol grande y brillante en el cielo. Después, como indicador temporal, haga una X muy grande y explique al niño que la X marca el lugar como ocurre en un mapa del tesoro. Pídale que coloque la X en el lugar que considere más adecuado para el huerto, y que observe el sitio durante los próximos 3 días para verificar cómo le llega el sol (esta es una actividad especialmente adecuada para practicar la paciencia y aprender a planificar).

🕦 **Aprendices principiantes (6 a 9 años).** A estas edades ya pueden expresar un poco más con sus dibujos. Pídales que representen el contorno de su jardín y que dibujen cómo incide el sol sobre él. Recuerde que el principal objetivo es que piensen acerca del mejor lugar en el jardín para colocar su huerto de 1 m² y el papel que juegan el clima y el sol en este propósito.

Rete a sus jóvenes aprendices a encontrar la manera de dibujar el movimiento del sol por el cielo en su jardín. ¿Qué nos dice esto sobre el lugar en el que hemos de colocar el cajón para el huerto?

🕦 **Medianos fantásticos (10 a 13 años).** Ellos serán capaces de medir el jardín y hacer un boceto a escala (¡como lo haría un ingeniero!) con las dimensiones básicas y reales. No se necesitan demasiados detalles, pero pídales que incluyan todos los elementos del jardín: árboles, porches, el estanque. Luego deben plantearse dónde colocar el cajón. ¿Cuál es el lugar con la exposición solar más intensa y prolongada? ¿Hay algún sitio que sea visible desde la ventana de su habitación?

🕦 **Adolescentes cultivadores (14 años o más).** Si hay algún chico mayor, el cielo es el límite. Puede preparar un boceto realmente detallado a mano o en el ordenador. «¿Cómo representarías un árbol?». «Con un círculo». «Bien». «¿Y una valla?». «¿Qué tal un patio?». «¿Has verificado las dimensiones?». «¿Dónde va el cajón?». «Si fuese necesario, ¿podríamos incluir más de un cajón?» (para enseñar a planificar un crecimiento futuro). También es el momento de verificar la exposición al sol a lo largo del tiempo. Haga que observe el jardín a distintas horas del día y que marque la trayectoria del sol en el boceto. ¿Cómo indicar la exposición al sol sobre el terreno a las distintas horas, digamos a las 9 de la mañana, a mediodía, a las 4 y a las 7 de la tarde? Puede indicarlo con líneas de inclinaciones variables o con colores diferentes.

Momento didáctico: explicar la luz del sol

Las plantas son como nosotros: no pueden sobrevivir sin alimentarse. Pero necesitan el sol aún más que nosotros, porque las ayuda a fabricar sus alimentos. Explico a los preescolares que las plantas adoran la luz del sol, así que debemos ponerlas al sol siempre que sea posible. Por supuesto, las plantas también tienen sed, así que debemos darles agua cuando haga calor o las veamos un poco marchitas.

Si es padre o maestro de un chico en edad escolar, puede hablar un poco más en profundidad sobre la luz del sol y las plantas. ¿Cómo conseguimos la exposición al sol? Bueno, pues la Tierra es como una pelota muy grande que gira sobre sí misma, de manera que la luz del Sol incide sobre cualquier parte de la Tierra durante la mitad del día. Yo utilicé una linterna y una pelota de *softball* para enseñar a mi nieta cómo llega la luz del Sol a la Tierra.

Catálogos de semillas

Me gusta que los niños se involucren desde el principio. La mejor manera es darles catálogos de semillas y dejarlos descubrir todo lo que pueden plantar. Las páginas web de las empresas distribuidoras de semillas permiten solicitar un catálogo por correo. Esta es mi propuesta: si tiene una clase llena de niños, o un grupo de vecinos, llame a la empresa y pida varias copias de su catálogo del año anterior. Es probable que les queden algunas copias y será una buena manera de promocionarse.

El proceso de elección de las plantas para el huerto en 1 m² le proporciona la oportunidad de hablar sobre las distintas especies y variedades, tiempos de siembra, estaciones, plagas y mucho más. Lo más importante es cultivar lo que se va a comer o lo que puede ser divertido, a la vez que se aprende sobre las plantas más fáciles de cultivar. Puede hablar con los chicos sobre los motivos por los cuales no se cultivan ciertos tipos de plantas en un huerto en 1 m² (por favor, ni árboles ni arbustos) y sobre qué plantas les gustaría cultivar y el motivo (los rabanitos suelen contarse entre los favoritos). Es muy importante comentar la causa por la cual el huerto tiene una cuadrícula, y cuántas plantas de un cierto tipo pueden colocarse en cada cuadrado. Se da a las plantas el espacio que necesitan, y no más. En la horticultura en 1 m² no hay desperdicios, ¡ni siquiera de espacio!

Proporcione a los chicos varios catálogos de semillas. Contienen una gran cantidad de información, es divertido consultarlos y suelen ser gratuitos.

DIVERSIÓN CON EL ARTE:
Dibujar un mapa

Los dibujos son lo más indicado para los aprendices más pequeños, así que una de las maneras más adecuadas para involucrar a los niños de 4 a 6 años en la planificación del huerto en 1 m² es dibujando un cuadrado enorme que represente el cajón (una cuadrícula de 9 cuadrados) sobre papel o cartulina. Haga que los niños recorten de los catálogos las fotografías de las plantas que quieren incluir. Se lo pasarán en grande colocando las fotografías en los recuadros individuales y, antes de plantar realmente, decidirán si es mejor colocar algunas plantas en un cuadro distinto. Así tendrá

Tanto si su hijo utiliza ceras, acuarelas, rotuladores, lápices, bolígrafos o incluso un ordenador, dibujar el jardín y algunos emplazamientos posibles para el huerto es una manera magnífica de comenzar el proyecto.

un plan bastante visual del futuro aspecto del huerto de los niños. Puede utilizar este diagrama para discutir cuántas plantas contendrá cada cuadrado, cuánto tardarán en crecer y muchas cosas más. Es posible que incluso comiencen a pensar en lo que plantarán en cada cuadrado después de la cosecha.

Listos para leer

El índice es una herramienta muy útil, y es necesario saberlo utilizar. ¿Por qué no aprovechar el catálogo de semillas para explicar a los chicos de cualquier edad lo que es un índice, cómo funciona y cómo puede ayudar a encontrar prácticamente cualquier cosa en un libro o catálogo? (y puede comenzar a explicar lo que es el alfabeto a los niños más pequeños). Haga que los chicos busquen en el índice las plantas que quieren investigar. Después, pídales que escriban o deletreen los nombres de las plantas, o pueden deletrear mientras buscan en el índice. Proporcióneles algunos nombres para comenzar a trabajar, como *rábanos*, *judías*, *guisantes* o *calabacín*.

El sol y las estaciones

¿Por qué no podemos cultivar nuestro huerto en 1 m^2 en invierno? Siempre es una buena pregunta a plantear a los niños cuando planifican su huerto. Se asombrará de las respuestas que reciba. Pero la mayoría de los niños, incluso los más pequeños, saben que hay demasiada oscuridad y frío para que crezcan las plantas. Es más probable que los argumentos sean distintos si vive en una zona de clima más templado.

Para los niños más jóvenes, basta con saber que la oblicuidad de los rayos solares en invierno hace que recibamos menos luz y calor. Los niños más mayores pueden pensar los motivos por los cuales los días son más cortos en invierno. En cuanto a los adolescentes, puede pedirles que investiguen por qué el sol no sube tanto en el horizonte en invierno como en verano. No hace falta ir demasiado lejos con esta idea durante la etapa de planificación. Solo es importante que los chicos entiendan que la temporada de crecimiento es limitada y que debemos tenerlo en cuenta cuando decidimos qué plantas incluir en nuestro huerto.

Elegir las propias plantas

Fíjese que no decimos «coger las propias plantas», porque hay que elegirlas y plantarlas *antes* de cogerlas. ¡Y cómo se divierten los chicos con esto! La elección de las plantas es el momento en el que los niños pueden ver claramente lo que cosecharán y se comerán. Es como atisbar el futuro.

Diversión con el arte

Los niños deberían confeccionar una lista con las plantas que quieren incluir en sus huertos, pero las listas suelen ser aburridas. ¿Por qué no convertirlo en una oportunidad de practicar el arte? Recuerde, 9 cuadrados significan 9 tipos de plantas. Los niños más pequeños pueden no ser capaces de escribir los nombres de las plantas, en cuyo caso pueden recortar una fotografía o realizar el dibujo en un cuadro de la tabla. Los mayores pueden ir más allá y hacer dibujos más estilizados o variantes de las plantas tratadas por ordenador, o carteles más sofisticados. Cuando lo hayan hecho, no solo tendrán el plan de lo que cultivarán y en qué lugar de su cajón, sino que habrán creado una magnífica obra de arte que lucirá de manera fantástica en la nevera o en la puerta de su habitación.

El caso especial de las flores

Si han puesto atención, los niños se darán cuenta de que la mayor parte de lo que plantamos en el huerto en 1 m^2 es comestible. Tiene sentido sacar el mayor provecho de nuestro huerto, y sembrar hortalizas, hierbas y plantas comestibles es una buena manera de hacerlo. Pero, cuando trabajo con niños, me gusta que siembren una planta con flor (anual o perenne) al menos en uno de los cuadros. ¿Por qué? Bueno, a veces es conveniente tener algo «bonito» en el cajón. Si se les dice con estas palabras, los niños seguro que lo entenderán.

Resulta conveniente explicar a los niños mayores, o a cualquier niño que no encuentre el valor de incluir algo que no se pueda comer, que las flores atraen a los insectos necesarios para que las otras plantas crezcan sanas y fuertes. Aunque lo habitual es que los niños adoren la idea de cultivar algo «bonito» además de las hortalizas, y no suele ser necesario pedirles dos veces que seleccionen una flor para su huerto.

Las plantas favoritas de los niños y el espaciado entre ellas

He ayudado a más niños a plantar un huerto en 1 m² de los que puedo contar. En colegios, huertos comunitarios y sus propios huertos, todos parecen preferir algunas plantas, que atraen de modo especial la imaginación de los más pequeños.

El número de semillas o plantas que deben sembrarse en una cuadrícula de 1 m² depende del tamaño de la planta cuando alcance la madurez. Se pueden clasificar en pequeñas (16 por cuadrado), medianas (9 por cuadrado), grandes (4 por cuadrado) y extragrandes (1 por cuadrado). Recorte fotografías de estas hortalizas de los catálogos de semillas, o haga fotocopias de las mostradas en estas páginas.

El espaciado se refiere a los requisitos indicados bajo el apartado de «aclare a» en los envases de las semillas: un espaciado de 30 cm equivale a 1 planta por cuadrado; un espaciado de 15 cm equivale a 4 plantas por cuadrado; uno de 10 cm equivale a 9 plantas por cuadrado, y el espaciado de 8 cm equivale a 16 plantas por cuadrado. Una col es un ejemplo de una planta extragrande que ocuparía todo un cuadro. Las lechugas se plantan a 4 por cuadrado, mientras que las remolachas se plantan a 9 y los rabanitos a 16.

Rabanito: 16 por cuadrado

Rabanitos. Son fáciles de sembrar para los niños porque las semillas son grandes y pueden manipularse sin dificultad, crecen rápidamente (se cosechan en 4 semanas) y existen muchas variedades y colores interesantes –incluso rayados o coloreados como huevos de Pascua. Además, es todo un lujo para un niño extraer el rabanito, lavarlo en el cubo de agua calentada por el sol y comérselo. Y es un tentempié mucho más sano que los chips de patata.

Zanahoria: 16 por cuadrado

Zanahorias. Hay cientos de variedades para elegir, y los niños adoran el color naranja. Cultive la variedad *baby* como premio que los niños devorarán con toda seguridad: no hay mejor manera de conseguir que se coman la verdura. Estas dos primeras hortalizas ocultan un secreto. La parte comestible está bajo tierra, por lo que la sorpresa es mayúscula al cosecharlas. Este juego se denomina *anticipación*.

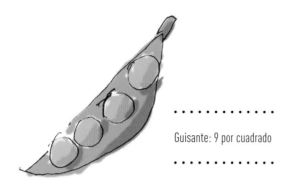

Guisante: 9 por cuadrado

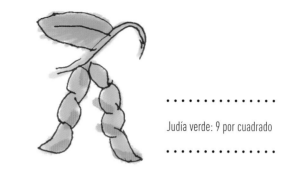

Judía verde: 9 por cuadrado

Guisantes. Los cultivamos sobre un soporte en el huerto y producen muchísimas vainas. Los más pequeños se los comen frescos. ¿Y quién puede impedirlo? Los adultos también lo suelen hacer.

Judías verdes. Una vez que comiencen, los chicos querrán trabajar en su huerto cada día. Las judías son asombrosas cuando crecen y ofrecen una cosecha muy saludable, que todos los niños suelen disfrutar. Observar cómo las flores se convierten en judías en miniatura es maravilloso, y ver cómo crecen cada día lo es aún más.

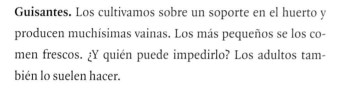

Lechuga: 4 por cuadrado

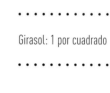

Girasol: 1 por cuadrado

Lechugas. ¿Cree que a los niños no les gusta la lechuga? Pruebe a plantar una y vea lo que ocurre. Los más jóvenes adoran todo lo que se puede ir cosechando continuamente a lo largo de la temporada, y se comerán todo lo que obtengan de su huerto.

Girasoles. Quizá no sean las plantas más prácticas para un huerto en 1 m², pero los niños adoran ver cómo estas flores tan preciosas giran para saludar cada mañana al sol. ¿Y a qué niño no le gusta observar a los pájaros comiendo semillas de girasol?

Tomate *cherry* trepador: 1 por cuadro

Tomates *cherry* trepadores. Creo que la razón por la cual los niños adoran este tipo de tomate es su tamaño –como el de un bocado–, pues cabe perfectamente en la mano de cualquier niño. Los niños suelen incluirlos en su huerto.

Caléndula: 4 por cuadrado

Caléndulas. Muy fáciles de cultivar, estas pequeñas flores de brillantes colores añaden el toque de belleza al cajón de cualquier niño.

Brócoli: 1 por cuadrado

Brócolis. Aunque no suele ser la verdura favorita de la mayoría de los niños, el brócoli es una planta divertida de cultivar y quizá, si su hijo la cultiva, tenga más ganas de comerla y disfrutarla.

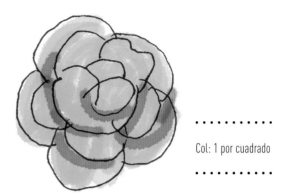

Col: 1 por cuadrado

Coles. Otra de las hortalizas que los niños consideran más divertido cultivar que comer. Pero pruebe a recordarles de qué está hecha la ensalada de col. O el chucrut (si cree que será de ayuda).

Pimiento: 1 por cuadrado

Pimientos. Resulta emocionante verlos crecer en rojo, verde o amarillo. En la mayoría de los huertos producen frutos abundantes y coloridos, que es divertido cosechar, además del disfrute de comerlos.

Acelga: 4 por cuadrado

Remolacha: 9 por cuadrado

Acelgas. De color verde oscuro o variegadas, pertenecen a la familia de las remolachas. Son hermosas y muy sabrosas, y están cargadas de vitaminas.

Remolachas. Son ideales para ayudar a sus hijos a entender las diferencias entre raíces y tubérculos. Las remolachas son raíces; las patatas son tubérculos. Las remolachas son deliciosas y tienen un sabor terroso (aunque no todos estén de acuerdo).

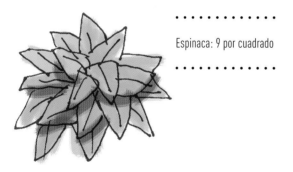

Espinaca: 9 por cuadrado

Cebolla: 16 por cuadrado

Espinacas. Es una hortaliza muy resistente que crece rápidamente y al principio de la temporada, de modo que se puede resembrar a finales de verano para obtener otra cosecha otoñal. ¿Que a los niños no les gustan las espinacas? Solo una palabra: Popeye.

Cebollas. Rojas, amarillas o blancas, las cebollas son fáciles de cultivar y cosechar. Si su intención es almacenarlas, déjelas curar al sol durante unos cuantos días después de cosecharlas, y almacénelas siempre en un lugar oscuro y seco.

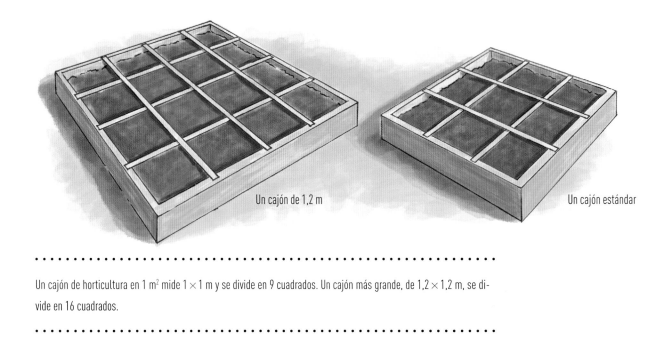

Un cajón de 1,2 m   Un cajón estándar

Un cajón de horticultura en 1 m² mide 1 × 1 m y se divide en 9 cuadrados. Un cajón más grande, de 1,2 × 1,2 m, se divide en 16 cuadrados.

Comience con el cajón

Tanto si sus hijos tienen 4 años como 14, comenzarán su aventura en la horticultura en 1 m² familiarizándose con el cajón para el huerto y los «cuadrados». Esta es su oportunidad para explicarles las ideas básicas sobre el cultivo en un huerto en 1 m². Un cajón de HMC para un niño mide 1 × 1 m y siempre tiene 9 cuadrados. Se dispone un tipo de planta por cuadrado, por lo que habrá 9 tipos distintos de plantas por cajón.

Como los niños son curiosos, con toda seguridad preguntarán: «¿Por qué un cajón cuadrado y por qué 9 cuadrados? ¿Por qué no 10 o 15? ¿No es mejor poner más?». Y la respuesta es que probé muchas formas distintas al diseñar el método del huerto en 1 m², antes de llegar a la conclusión de que esta es la forma ideal de espaciar la mayor parte de las plantas en la menor superficie posible sin apretujarlas.

En primer lugar, medí la distancia que un niño puede alcanzar con el brazo dentro de una caja para cuidar las plantas, y resultó que es de 45 cm. Querrá cuidar de las plantas desde cualquier cara del cajón, lo que significa que 9 cuadrados individuales es la medida justa. Cualquier niño o niña puede alcanzar el centro de su cajón para cuidar de sus plantas. Un cajón de HMC tiene una profundidad de 15 cm, pues esta es la altura justa para que las raíces tengan el espacio suficiente sin que el cajón sea más profundo o pesado de lo necesario. ¿Se ha dado cuenta de que utilizo las iniciales «HMC» para referirme al método de la horticultura en 1 m²? Puede ser un buen punto de partida para hablar de las abreviaturas y de cómo funcionan. Las abreviaturas se encuentran en casi cualquier sitio y puede comentarlas con los niños: por ejemplo en los canales de televisión, TVE. Pídales que busquen abreviaturas comunes y que indiquen qué quieren decir, y pregúnteles por qué solemos utilizar abreviaturas.

Pido a los niños que piensen que el cajón es como la casa de su huerto. Porque, como cualquier casa, es donde las plantas están a salvo y donde los niños guardan el alimento y el agua que sus plantas necesitan para poder crecer grandes y fuertes.

La mayoría de los niños pronto se dará cuenta de que el cajón ocupa muy poco espacio en el jardín. Todos se emocionan cuando comienzan a planificar un huerto, en especial si se trata de un huerto en 1 m^2. Y nadie se emociona más que los niños. Así que es muy probable que digan: «Si un cajón está bien, ¿por qué no dos?». El hecho es que el número de cajones a plantar viene condicionado por el número de componentes de su familia y el tamaño de la cosecha deseada. En primer lugar, comencemos con la idea de que lo pequeño es mejor para el medioambiente, pues se minimiza la producción de desperdicios. Considere que un único cajón de HMC producirá lo suficiente para preparar una ensalada para una persona durante cada día de la temporada de crecimiento.

Es posible que ya tenga sus bancales elevados para las lechugas, hortalizas o hierbas, o quizá está planificando tener cajones familiares. ¡Una idea excelente! Pero, en lo que concierne a los niños, la emoción saca lo mejor de ellos. Ese es el motivo por el que los niños comienzan con un cajón. Será más que suficiente para atenderlo correctamente y aprender lo necesario sobre la horticultura en 1 m^2 (y muchas cosas más), y se conseguirá mantener la diversión y la emoción durante períodos cortos de atención continuada. Siempre pueden añadir un segundo cajón la próxima temporada.

. . . .

El reto de Mel: Haga que sus hijos programen para dentro de uno o dos años, cuando sean lo bastante mayores para abarcar 60 cm en un cajón de 1,2 × 1,2 m. ¿Cuántos cuadrados tendrá ese cajón? ¿Y qué tiene de especial un cajón más grande? Una pista: ¿cuántos cuadrados contiene un cajón de 1,2 × 1,2 m y cómo se relaciona con el tamaño del cuadrado, o con una secuencia de raíces cuadradas?

. . . .

Construir nuestro propio cajón

Para la mayoría de los niños, la construcción de su propio cajón para el huerto en 1 m² es como el nacimiento al mundo de la horticultura. Durante este proceso comienzan a aprender algo sobre la independencia y los logros.

La construcción de un cajón para el huerto en 1 m² es muy simple. No tiene esquinas complicadas ni ningún otro detalle difícil, puede utilizarse casi cualquier tipo de material (su hijo quizá ya sea capaz de averiguar lo que se necesita) y es lo bastante fácil de hacer para que participen incluso los más pequeños. Los chicos adoran trabajar con materiales de construcción. De hecho, es recomendable que los niños hagan todo lo que esté en su mano (teniendo en cuenta su seguridad, ¡por supuesto!). Se asombrará de lo orgullosos que se sentirán con su propio cajón. Cuanto más se impliquen en la creación del cajón, mayor será su relación con el huerto y mejores serán las lecciones que de él aprendan. Si tiene un adolescente o dos, es muy probable que puedan construir el cajón ellos solos. Deje que se equivoquen, ya que no hay mejor manera de desarrollar la confianza en uno mismo y de fomentar la autosuficiencia que solucionando los propios problemas.

El ensamblaje del cajón de horticultura en 1 m² es uno de los momentos más emocionantes de la construcción de un huerto propio.

Problema matemático

Vamos a medir

Los padres y maestros se asombran por igual al comprobar cuántas habilidades prácticas se aprenden con la horticultura en 1 m². No solo se trata de cultivar alimentos, aunque ese es un motivo muy importante, y el objetivo final. Pero, por el camino, encontramos una oportunidad tras otra de divertirnos mientras enseñamos a los chicos habilidades y conocimientos vitales básicos que aprovecharán el resto de sus vidas. Una de las fundamentales es la medición de las cosas.

Horticultores preescolares (2 a 5 años). Para comenzar con buen pie, deje que se familiaricen con los conceptos básicos que rezan que todo puede medirse y descomponerse en porciones cada vez más pequeñas. Consiga una cinta métrica ancha, con números grandes (de aquellas que utilizan quienes ya no tienen muy buena vista, ¡como yo!), y enséñeles qué es un centímetro y qué es un metro. Los maestros aprovechan esta oportunidad en la clase para medir a todos los alumnos y preguntarles quién es el más alto. Este tipo de preguntas estimulan las mentes infantiles para que piensen en el mundo en términos de tamaño y comparen dimensiones distintas (como la estatura, el peso, el número del calzado y mucho más).

Aprendices principiantes (6 a 9 años). Con niños de esta edad puede llevar esta idea un poco más allá, profundizando en las medidas mismas. Dé una regla o una cinta métrica a cada niño y pregúnteles cuántos centímetros hay en un metro. Y luego cuántos metros mide su huerto. Y más difícil: ¿cuántos centímetros mide? Vaya, ese es un número difícil para trabajar. Esto los ayudará a entender que cualquier unidad de medida está compuesta de otras unidades y que vale la pena saber cuáles son las que conviene utilizar en cada momento.

Medianos fantásticos (10 a 13 años). Vayamos un poco más allá con el tema de las mediciones, descomponiéndolas más. Pídales que dividan un metro en dos. «¿Cuántos centímetros tiene medio metro?». «Muy bien. Eso era bastante fácil, porque podéis verlo sobre la regla o la cinta métrica. Pero a ver ahora: ¿cuántos centímetros hay en 5 huertos? Si hay 100 cm en un huerto, podéis obtener la respuesta multiplicando el número de centímetros por el número de huertos (100 × 5 = 500). ¿Hay otra manera de solucionar el problema? Aquí va otra. Sin mirar la cinta métrica, ¿cuántos centímetros hay en 2 ½ huertos?». Pregúnteles cómo pueden calcularlo. «¿Qué os parece el problema?». Muy pronto verá la bombilla encenderse sobre sus cabezas, sobre todo cuando se les ocurra la manera de calcularlo.

A los niños de cualquier edad les encanta construir su propio cajón para un huerto en 1 m² y añadir sus detalles, como esta cuadrícula personalizada.

Adolescentes cultivadores (14 años o más). Al tratar con adolescentes, intente convencerlos de utilizar unidades de medida distintas. «¿Cuántas pulgadas hay en un metro?». «¿Hay equivalencias entre las unidades inglesas y el metro?». «¿Cuántas pulgadas mide tu cajón? ¿Cuál es la base del sistema de medida inglés?». «¡Sí! ¡Es el número 12! ¿Es mejor o simplemente distinto del sistema europeo?». «¿Por qué?». Intente llegar tan lejos como pueda. Incluso puede convertirlo en una lección de geografía si pregunta al cultivador adolescente qué países utilizan el sistema métrico.

Problema matemático

Mi primera profesión es la de ingeniero. Los ingenieros utilizan las matemáticas para resolver problemas. Así que no resulta sorprendente que la horticultura en 1 m² tenga un fundamento matemático básico. Eso significa que la horticultura en 1 m² es una manera perfecta, divertida y fácil de aprender matemáticas. Hay tantas lecciones de matemáticas posibles que continúo descubriendo otras nuevas cada vez que construyo y planto cajones.

Horticultores preescolares (2 a 5 años). Utilice el cajón para el huerto en 1 m² para que los horticultores más jóvenes se familiaricen con los números del 1 al 9. Haga un boceto grande de un cajón de 1 × 1 m con 9 cuadrados en su interior. Dé un rotulador de color al niño y pídale que escriba el número 1 en el cuadrado de una esquina. Ayúdelo si lo necesita, y continúe añadiendo números hasta que todos los cuadrados estén numerados. ¿Se enfrenta a un grupo grande de niños o a toda una clase? ¡Genial! Reparta rotuladores de varios colores y deje que todos se turnen para rellenar los cuadrados con los números. Puede pedir voluntarios: «¿Quién sabe cómo escribir el número 1?», y así sucesivamente. No se preocupe si se salen de la raya, lo importante es que se familiaricen con los números.

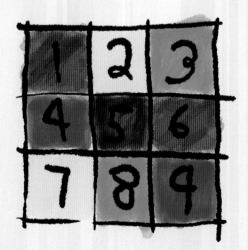

Las mejores matemáticas son las que resultan divertidas para los niños. Deles un trozo de tiza y pídales que dibujen un cuadrado del tamaño del cajón para un huerto en 1 m² en una acera o un patio. El niño debe numerar cada cuadrado en orden, cada uno con un color distinto. Entonces se comienza un juego de saltos. Cada niño salta a un cuadrado y dice ese número, comenzando por el 1. Vea quién puede hacerlo hacia atrás, o con un pie en un número y otro en el siguiente. Si tienen la edad suficiente, compruebe si pueden saltar solo a los números pares o solo a los impares. ¿No sería divertido? Apuesto a que los chicos inventarán sus propios juegos usando los cuadrados numerados. Retírese y observe. Esté preparado para aplaudir su ingenuidad.

Aprendices principiantes (6 a 9 años). Ahora le propondré una manera para que los más jóvenes en edad escolar aprendan las sumas y restas más simples con el cajón. Coloque un gran número 1 en el primer cuadrado y un 2 en el segundo, y pregunte: «¿Cuánto es 1 más 2?». La respuesta se pone en el tercer cuadrado. Escriba ahora un 4 en el cuadrado siguiente. «¿Qué suma da como resultado 4? Sí, 1 más 3 es correcto, pero qué otros números dan 4?». «¿Qué tal 2 más 2?». Así los niños comenzarán a ver que hay distintas maneras de llegar al mismo resultado. También puede practicar las restas. Pregunte lo siguiente: «Si Juan planta 3 cuadrados, Julia planta otros 3 y hay 9 cuadrados en total, ¿cuántos le quedan a María para plantar?». La respuesta es 9 − 3 = 6, y 6 − 3 = 3. Pero los niños entenderán la ecuación cuando puedan relacionarla con los cajones reales. ¿Lo ve? Un cajón de horticultura en 1 m² con sus 9 cuadrados puede ser una gran herramienta de aprendizaje.

Medianos fantásticos (10 a 13 años). Los niños mayores ya saben sumar y restar, pero sus cajones de horticultura pueden ayudarlos con la multiplicación y la división. Funciona de la misma manera: hágales dibujar el cajón, coloque los números 1 a 9 y trace líneas para mostrar las distintas funciones de la multiplicación o la división. ¿Y qué tal unos problemas de división? ¿Cuántas filas hay en una caja de 9 cuadrados? (9 dividido entre 3). Si es necesario, puede contar las filas para averiguar el número. ¿Qué le parece esto?: si tenemos 3 niños, ¿cuántos cuadrados plantarán? ¿Ve cuántas cosas se aprenden con este sencillo sistema de horticultura? Puede deducir muchas más.

Adolescentes cultivadores (14 años o más). Los adolescentes se enfrentan a matemáticas mucho más complicadas, pero el cajón también puede serles de ayuda. Por ejemplo, ¿qué números en el cajón también tienen su raíz cuadrada en el mismo? (La respuesta es 1, 4 y 9). También puede introducir conceptos más complejos. ¿Qué ocurre si tenemos 2 horticultores para los 9 cuadrados? ¿Cuántos cuadrados le tocan a cada uno? Sabemos que son 4,5 cuadrados, pero si un adolescente tiene dificultades con las divisiones largas, puede visualizar el problema con más facilidad. A cada uno de los dos horticultores le corresponderían 4 cuadrados, y sobraría uno. Lo justo sería dividir ese cuadrado por la mitad. Así, el total serían 4 cuadrados y ½ más para cada horticultor, o 4,5, porque 0,5 es la mitad de 1. También podemos practicar las fracciones. ¿Cuál es la fracción que equivale a 0,5? ¿Es ½? Pero la mejor manera de involucrar a los adolescentes en la práctica de las matemáticas con el huerto en 1 m² es hacerles inventar los problemas. Cuando consiguen plantear un problema relacionado con la tarea encomendada, trabajan la lógica del problema en el proceso.

Un buen rompecabezas

¿Cuál es la definición de cuadrado? Vea si su hijo puede generar una definición propia. ¿Todos los lados tienen la misma longitud? Sí. ¿Todas las esquinas son ángulos rectos? De acuerdo. ¿Hay alguna otra manera de decir «ángulo recto»? (¿Qué tal «ángulo de 90°»? ¿Su hijo está listo para entender el concepto de ángulo y lo que son 360°?). Siga trabajando el tema hasta que consiga una buena definición que explique qué es un cuadrado, y qué no es. Y para continuar con la idea, ¿cuántos cuadrados puede encontrar su hijo (y usted) en un huerto en 1 m² estándar? (La respuesta es 14). Dibuje uno para demostrarlo. ¿Y en un cajón más grande, de 1,2 × 1,2 m? (¿A alguien le salen 31?). Para los más jóvenes, puede comenzar aplicando esa pregunta a un cajón de 60 × 60 cm. También resulta más fácil para los padres.

¿Cuántos cuadrados puede encontrar en este huerto?

La lección de matemáticas puede comenzar con la construcción del cajón, pero no termina allí. Durante la siembra, la aritmética continúa de forma muy divertida.

Coloque su cajón en un lugar muy visible, como al lado de la puerta principal o frente a una ventana de paso frecuente, para que los niños lo vean a menudo. Déjelos personalizar el cajón para incrementar la sensación de pertenencia.

¿Dónde colocar ese cajón?

Ahora que los niños entienden todo lo necesario sobre el cajón de horticultura en 1 m², es el momento de elegir un lugar donde colocarlo. Lo primero que deben saber es que el mejor emplazamiento es el que recibe entre 6 y 8 horas diarias de luz solar. Déjelos investigar en el jardín (y no olvide que el jardín delantero puede ser un lugar ideal para colocar el cajón de un niño; ¡es una manera maravillosa de mostrarlo a todo el vecindario!) para localizar las zonas más sombreadas y las más soleadas. Evite las que se encharcan y no drenan bien. No vale poner el cajón en el estanque del jardín.

El cajón debe recibir mucha luz solar, pero también es importante mantener el nivel de emoción, y para ello hay que colocarlo donde los niños puedan verlo desde casa o, aún mejor, desde la ventana de su habitación (o justo al lado de la puerta de casa). Cuanto más vean sus cajones, más probable será que los cuiden y estén orgullosos de lo que crece en ellos. La mejor manera de determinar el emplazamiento del cajón es consultar el boceto del jardín que el propio niño realizó cuando dibujaba y planeaba cómo sería su huerto en 1 m².

¿Cómo dice?

Los niños que pasan suficiente tiempo en el jardín escucharán en algún momento la palabra *fotosíntesis*, o la traerán a casa del colegio. Así que echemos un vistazo a ese vocablo. Enséñela a su hijo. En realidad está compuesta de dos palabras juntas: *foto* es la primera parte y *síntesis*, la segunda.

¿Verdad que sabemos lo que son las fotos? Son imágenes. Pero ¿sabía que la palabra *foto* proviene del griego *phos* o «luz»? *Síntesis* significa combinar cosas diferentes para generar algo nuevo. Así pues, la fotosíntesis es la manera en la que las plantas utilizan la luz, junto con otras cosas como los nutrientes del suelo y el aire, para crear comida. ¿No es maravilloso?

Aunque basta con que los niños más pequeños sepan que han de buscar el lugar más soleado del jardín, sus ✺ **aprendices principiantes** (6 a 9 años) pueden enfrentarse a ideas más complicadas sobre el sol y las plantas. Querrán hablar sobre la manera en que las plantas utilizan la luz del sol para preparar su propio alimento. Quizá hayan oído la palabra *fotosíntesis*, pero no sepan explicarla.

Fotosíntesis es la manera en que la mayoría de las plantas fabrican alimento. Así es como yo lo explico: «Imagínate que te has encogido y que estás dentro de la hoja de una planta. Verías entrar la brillante luz del sol, cargada de energía. Esa energía se combina con el agua y los minerales del suelo que

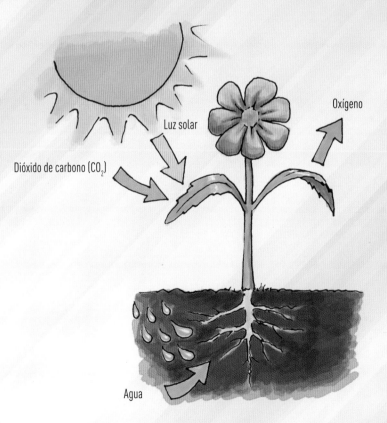

Luz solar

Oxígeno

Dióxido de carbono (CO_2)

Agua

llegan desde las raíces y con el dióxido de carbono que proviene del aire para formar un tipo de azúcar. A todos nos gusta el azúcar, ¿verdad? ¡Pues a las plantas también! Verías el azúcar fluir hacia el tallo y los frutos u hortalizas de la planta. La planta combina una parte de ese azúcar para formar algo denominado almidón, que almacena para más tarde. Es como poner comida en la nevera. No parece que las plantas realicen todo este trabajo, pero cuando entras en ellas te das cuenta de que realmente están muy ocupadas. ¿No te da esa sensación?

 Medianos fantásticos (10 a 13 años). Son capaces de desarrollar ese conocimiento y otras cosas que han aprendido en la asignatura de ciencias del colegio y en las clases de horticultura. Puede tener conversaciones fantásticas con un chico de estas edades sobre la luz del sol y las plantas en la horticultura en 1 m², que se convierten en lecciones de ciencia. Son capaces de comprender que, durante la fotosíntesis, unas células especiales de las hojas, denominadas *cloroplastos*, utilizan la clorofila para atrapar la luz. Entonces las células combinan la energía de la luz del sol con los minerales y el agua del suelo. El proceso descompone las moléculas de agua en oxígeno –que la planta libera– e hidrógeno. Este último se combina con las moléculas de dióxido de carbono del aire para generar azúcares que la planta puede utilizar para crecer. Una parte de estos azúcares se emplea para generar nuevas hojas, flores y frutos, mientras que otra se convierte en almidones para usarlos más tarde. Pida a su joven horticultor que dibuje un diagrama del proceso de la fotosíntesis y es posible que cree algo espectacular que le sorprenda. No importa la actividad, siempre volvemos al cajón para el huerto en 1 m², y ese cajón debe colocarse donde reciba entre 6 y 8 horas de luz solar intensa cada día. Entonces las plantas crecerán fuertes y sanas.

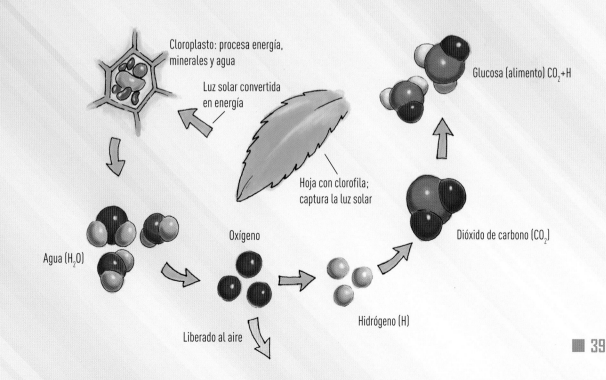

Cloroplasto: procesa energía, minerales y agua

Luz solar convertida en energía

Glucosa (alimento) CO_2+H

Hoja con clorofila; captura la luz solar

Agua (H_2O)

Oxígeno

Dióxido de carbono (CO_2)

Hidrógeno (H)

Liberado al aire

2 Construir juntos: el cajón para el huerto en 1 m²

Para la mayoría de los niños, la construcción de su propio cajón de horticultura en 1 m² es el punto en el que el huerto adquiere forma propia. Ven de cerca dónde vivirán y crecerán sus plantas. Y al construir su propio cajón, aprenden algo sobre la independencia y los logros. Por supuesto, muchos niños se sienten emocionados solo por trabajar con herramientas ¡y construir algo!

La construcción del cajón es una oportunidad para enseñar a los chicos a utilizar las herramientas de forma segura.

El cajón para el huerto en 1 m² clásico está construido con madera, como la de cedro de buena calidad. Pero puede utilizar muchos otros materiales. La única limitación es que no deben estar tratados con productos químicos nocivos ni pintura (aunque la pintura apta para niños o de base acuosa sí es adecuada). Deben evitarse los bordes afilados.

Los materiales

Comience la gran aventura de construir el cajón para su huerto en 1 m² con la elección de los materiales. Y, ¡vaya!, las opciones son innumerables. También ofrecen múltiples posibilidades de aprendizaje.

El cajón puede construirse de casi cualquier material, siempre y cuando cumpla ciertas condiciones. Lo primero y más importante: no puede contener ningún elemento contaminante del suelo y que pueda pasar a las plantas. Esto incluye las pinturas con disolventes o conservantes para tratar la madera y las pinturas de base de aceite para metal o ladrillos, que deben evitarse a toda costa. Los pigmentos de base acuosa están permitidos. Aunque pueden utilizarse muchos materiales distintos, hay buenas razones para elegir la madera: es un material natural y reciclable, fácil de trabajar, fácil de encontrar, relativamente económico y con buen aspecto.

Es muy probable que los niños tengan sus propias ideas sobre lo que quieren emplear, y esto representa una buena oportunidad para aprender sobre los distintos materiales constructivos.

Comience con los atributos de un cajón de horticultura en 1 m². Debe reunir las siguientes características:

- 1 × 1 m
- Cuadrado
- 15 cm de profundidad
- Duradero
- Portátil, por si lo queremos mover más tarde
- Bonito

Existen cajones para el huerto prefabricados, con todos los componentes cortados y pretaladrados para la introducción de tornillos. Todo lo que hace falta es introducir 4 tornillos en cada unión para asegurar las esquinas.

Si no recurre a un cajón prefabricado, tendrá que taladrar agujeros guía para los tornillos pasadores en los extremos de las tablas para que no se abran.

Los bloques de hormigón y otros productos de construcción son ideales para construir un cajón de horticultura en su emplazamiento. Ni siquiera es necesario unirlos con mortero. Simplemente apílelos con cuidado para que el interior tenga las dimensiones necesarias para el cajón.

Con todo esto en mente, formule algunas preguntas sobre cuál sería el material más adecuado para el cajón.

- ¿Por qué es la madera una buena elección para el cajón de horticultura en 1 m²?
- ¿Qué otros materiales podríamos emplear?
- ¿Qué tal el vidrio? ¿Podríamos usar vidrio para el cajón? ¿Por qué sí? ¿O por qué no?
- ¿Qué tal los metales? ¿Cuáles son los distintos tipos de metales posibles? ¿Cuáles serían adecuados para el cajón y por qué? ¿Dónde podríamos encontrar estos metales? ¿Cuáles son las posibles dificultades del empleo de metales?
- ¿Qué tal los ladrillos o los bloques de hormigón? ¿Cuáles serían las ventajas o las desventajas de su empleo?

Déjelos comentar todas las ventajas e inconvenientes sobre los materiales a emplear para construir sus cajones, aunque en general lo más indicado es la madera, que ofrece las mayores ventajas. Así pues, las instrucciones que se indican a continuación están dirigidas al empleo de la madera para el cajón de un niño.

Descubrimiento científico

¿De dónde proviene la madera? Esa es una pregunta relativamente fácil que casi cualquier niño puede contestar. Pero puede pasar de esa pregunta a una investigación más profunda en ciencia y botánica.

Pregunte a los horticultores preescolares (2 a 5 años) si la madera puede provenir de cualquier árbol. «¿La madera continúa creciendo cuando has cortado el árbol?». «¿No?». «¿No sería divertido si lo hiciera?». «¿Qué ocurriría en nuestras casas?». Los niños se lo pasan realmente bien mezclando la realidad con la fantasía, pero esta también es una forma divertida de adquirir los conocimientos básicos sobre la madera.

Investigue con los aprendices principiantes (6 a 9 años) lo que hace a los árboles distintos de las otras plantas. Pídales que confeccionen una lista con dos columnas: «lo mismo» en un lado y «distinto» en el otro (pueden escribirlo en su diario de horticultura). Comience por las similitudes. ¿Los árboles crecen a partir de semillas? Sí. ¿Crecen rectos hacia arriba? Sí, generalmente. ¿Qué necesitan para crecer y de dónde lo obtienen? ¿Cuánto tiempo viven? Por supuesto, eso depende del tipo de árbol. Los árboles pueden vivir desde unos cuantos años hasta varios centenares. Sí, ¡cientos! ¡E incluso miles!

¿Qué otras diferencias existen entre los árboles y otras plantas del jardín? El tiempo de vida es una de ellas.

Todos los medianos fantásticos (10 a 13 años) son lo bastante listos para aprender sobre los distintos tipos de árboles. Esta puede ser la oportunidad perfecta para realizar una excursión por un bosque, un parque nacional o un jardín botánico, o incluso un parque local grande o una reserva natural. Puede nombrarlos detectives de árboles. Comience con una lista de los descubrimientos a hacer. ¿Qué tipos de árboles hay? Empiece con los dos tipos básicos: caducifolios (con hojas) o coníferas (con agujas). ¿Crecen en los mismos lugares? ¿Cuáles son más altos? ¿Qué forma tienen los árboles caducifolios? ¿Y las coníferas? Pídales que elaboren una lista, hagan fotografías o dibujen sus formas en su diario de horticultura.

Desafíe a sus adolescentes cultivadores (14 años o más) a desarrollar conocimientos de gran altura, como los árboles. Solo este tema podría durar toda una hora. Pídales que escriban un par de frases que describan las diferencias entre las maderas duras y las blandas. Deben nombrar 3 especies de cada tipo y explicar cómo los científicos determinan la edad de un árbol. Entonces comienza la diversión, porque pueden ir al bosque y mirar los árboles caídos para determinar su edad.

Los árboles caducifolios tienen hojas.   Las coníferas tienen agujas.

Hechos fascinantes

Aquí hay algo que estimulará la imaginación incluso de los adolescentes. El árbol más antiguo tiene más de 4.700 años de edad (recibe el nombre de Árbol de Matusalén). ¡Sí que es viejo!

El cajón para el huerto puede conducir a nuevas conversaciones sobre el medioambiente y el ecosistema. Por ejemplo, pregunte a los chicos: «¿Qué absorbe el dióxido de carbono del aire con más eficiencia, un árbol o la hierba en una superficie equivalente?». Puede conversar acerca de cómo los árboles ayudan a limpiar el aire de dióxido de carbono, su importancia en el ecosistema, su papel en el sustento de varias especies de animales o plantas, o de lo maravilloso que resulta pasar un rato a su alrededor. Resulta asombroso todo lo que se puede hablar sobre los árboles.

Cuando construyo un cajón, me gusta utilizar madera. ¿Adivine por qué? Sí, porque es fácil de trabajar, es un material natural y tiene un aspecto magnífico. Pero lo que más me gusta es que resulta fácil encontrar madera gratuita.

ACTIVIDAD EN EL HUERTO

Salir a la caza de madera para un cajón de horticultura en 1 m² es una buena forma de que un grupo de chicos, o un chico acompañado de un adulto, salga y aprenda a socializar. Es tan fácil como sigue: sea cual sea la edad de su hijo, camine con él por los alrededores o conduzca hasta encontrar una obra. Incluso puede tratarse de un proyecto de remodelación doméstica. Encuentre a la persona a cargo y pida al niño que pregunte si les sobra madera. Se sorprenderá de con cuánta amabilidad los profesionales de la construcción lo ayudarán con el proyecto del chico. Recuerde, está buscando piezas que tengan al menos 1 m de longitud por 15 cm de ancho y que no hayan sido empleadas en encofrados ni tratadas con conservantes fuertes u otros productos químicos. Imagínese cómo su hijo sacará pecho cuando salga al mundo y vuelva con la madera para construir su propio cajón.

¿Y qué pasa con las piedras?

Intente construir un cajón con piedras. Dependiendo de su lugar de residencia, puede encontrar campos llenos de piedras redondas o planas (pida siempre antes al propietario del campo si puede llevárselas). Puede apilarlas para formar un cajón.

Puede usar piedras planas para construir un cajón. Sus hijos deben llevar guantes al manipular piedras o bloques pesados.

Mi madera favorita para construir los cajones para el huerto es la gratuita. Por su seguridad, es muy importante que un adulto supervise a los niños si se los deja rebuscar en una pila de madera de desecho. Los clavos oxidados y las astillas pueden ser muy peligrosos.

La emoción de escribir

Para reforzar el compromiso de los chicos, pídales que lleven su propio diario del huerto en 1 m². Puede ser una libreta como las que utilizan en el colegio, un libro de bocetos o una carpeta de anillas. Me gusta decir a los chicos que es como la historia de su huerto en 1 m². «Vais a escribir un libro –les digo–, y tratará sobre vuestro huerto». Les brinda la oportunidad de expresarse y registrar las decisiones que toman. Pida a los niños que comiencen el diario con los bocetos o las listas de la etapa de planificación. Verifique que sepan cómo incluir todo lo que quieran en el diario. ¿Un sobre de semillas que les ha gustado mucho? De acuerdo, grapémoslo a una hoja. ¿Una lista de plantas cuidadosamente numerada y dibujada? ¡Pues también! ¿Un relato sobre el primer pimiento que cosecharon? Por supuesto. Es suyo, y será un maravilloso recuerdo de su experiencia con la horticultura –que tanto usted como su hijo disfrutarán. También puede ser un registro ideal para consultar en el futuro, si el chico anota lo que funcionó bien y lo que no salió tan bien en el huerto.

⚠ Reglas de seguridad en el huerto de 1 m²

1. Únicamente se trabaja con herramientas cuando un adulto está presente para supervisar, y hay que tener mucho cuidado con la seguridad.

2. Tanto los niños como los adultos siempre deben llevar los elementos de seguridad adecuados, ya sean gafas de seguridad, mascarilla contra el polvo, guantes y ropa de trabajo (incluso zapatos cerrados para proteger bien los dedos).

3. Solo se emplean herramientas en buenas condiciones. Hay que evitar las que tengan mangos astillados, los taladros con cables deshilachados u otros utensilios con mantenimiento deficiente. Siempre se debe verificar que las herramientas estén en buen estado.

4. No se debe trabajar con personas cansadas o quejosas. Siempre se puede volver y terminar el trabajo después de la siesta o mañana (¡lo mismo se aplica a los padres!).

Ensamblar el cajón juntos

Ahora que su hijo ha recogido los materiales necesarios, es el momento de organizarse y comenzar a construir el cajón para el huerto. Como la mayoría de los padres y profesores, ya habrá descubierto que los niños adoran trabajar con herramientas, igual que los mayores. Así que esta parte del proceso resulta muy divertida para los más pequeños. El ingeniero que hay en mí se lo pasa muy bien al mostrar a los niños cómo ensamblar cosas. Si alguna vez ha visto a un adulto confundirse con las instrucciones más simples para ensamblar una librería o una mesa de cocina, sabe lo importante que es esta habilidad en la vida. Comencemos con unas cuantas reglas de seguridad para que la experiencia sea divertida para todos.

La construcción de un cajón es un trabajo sencillo. Pero, cuando se trabaja con herramientas y niños, hay que supervisar a los menores y llevar todos los elementos de protección, incluso las gafas para los ojos.

Preparar el lugar de trabajo

Prepare el lugar de trabajo lo más cerca posible del emplazamiento definitivo del cajón de horticultura de su hijo. Lo más indicado es una superficie lisa y uniforme con mucho espacio para moverse con libertad. Al trabajar con niños, siempre es una buena idea establecer una zona de trabajo. Puede tratarse del acceso a casa, una lona extendida sobre la hierba o incluso un trozo grande de contrachapado o cartón. La idea es mantener las herramientas y los materiales en un único sitio mientras se trabaja, porque, en ocasiones, con toda la emoción de la construcción, los jóvenes las colocan en el sitio equivocado. Y no queremos que papá pierda su destornillador favorito, ¿verdad?

Prepare todos los materiales que el proyecto requiere y organícelos en la zona de trabajo. Para el cajón de madera, necesitará lo siguiente:

Una superficie plana y dura es el lugar más seguro para trabajar. También es importante una iluminación adecuada. Si su intención es pintar el exterior del cajón, la zona de trabajo debe contar con una buena ventilación.

- 4 tablas de 1 m de largo × 15 cm de ancho (y entre 3 y 5 cm de grosor)
- 4 listones de 1 m de largo
- Un lápiz
- Taladro sin cable y brocas
- 12 tornillos autorroscantes (tirafondos) para madera
- 1 hoja de lámina geotextil antigerminante. Si puede, compre un trozo del tamaño necesario en un centro de jardinería. Suelen venderse en grandes rollos, pero quizá le corten el trozo que necesita. En caso contrario, compre uno entero, ya que puede usar el sobrante en un futuro.

Construya su propio cajón

En realidad, la construcción del cajón resulta muy sencilla una vez que se han reunido los materiales y herramientas necesarios.

1. Pida al niño que apile las 4 tablas, una encima de la otra. Ahora ayúdelo a sujetar una de las tablas de forma perpendicular, sobre el borde, en el extremo de la pila. Esta tabla se emplea para marcar la anchura de solape. Marque la anchura de la tabla sobre los extremos de cada una de las tablas restantes.

2. Tiene las tablas apiladas y alineadas. Extráigalas en orden y taladre 3 agujeros guía para los tornillos espaciándolos de forma regular entre los bordes. Taladre 3 o 4 agujeros en cada esquina, con cuidado de taladrar recto.

3. Sujete las tablas a mano o con una abrazadera, solapando cada una con la esquina sucesiva. Pase los tornillos por los agujeros pretaladrados hasta que las cabezas queden justo debajo de la superficie de la madera.

Una opción: añadir un fondo al cajón

En ocasiones es necesario que el cajón para el huerto del niño sea portátil. Es posible que deba transportarse del jardín del colegio a casa al final del curso escolar, o quizá el niño quiera llevarse el cajón al visitar a sus abuelos durante las vacaciones de verano. No se preocupe: cualquier cajón de horticultura en 1 m² puede volverse portátil.

La mayoría de los niños no tienen dificultades para añadir un fondo recortando un trozo de contrachapado de 15 mm adaptado a las dimensiones exteriores del cajón. Es posible que su hijo necesite un poco de ayuda para atornillar el fondo a los tablones laterales del cajón –utilice un atornillador sin cable y tornillos autorroscantes (tirafondos) de 5 cm. El niño también tendrá que taladrar un agujero para el drenaje de unos 7 mm en el centro del cajón y otro en cada esquina. El fondo también es necesario si su hijo quiere colocar el cajón en el patio o en un porche, o encima de una mesa exterior.

En ocasiones está bien que los niños se diviertan con las herramientas. Las cintas de medir siempre les resultan fascinantes. Déjelos medir lo que quieran, y vaya preguntándoles durante el proceso. Por ejemplo: «¿Cuánto mides hoy?».

Ubicar el cajón

Ahora es el momento de colocar el cajón en su sitio. Hay que asegurarse de que las malas hierbas no crezcan en su cajón. ¿Cómo hacerlo? Trabaje con su hijo para retirar las hierbas o plantas de la zona en la que colocará el cajón. A continuación corte la malla geotextil antigerminante para adaptarla al tamaño del cajón y colóquela bajo el mismo.

Esta malla es de un material especial que impide el crecimiento de las malas hierbas u otras plantas debajo del cajón, pero permite el drenaje del agua. Recuerde: solo se riegan las plantas que se desea que crezcan en el cajón. Una de las ventajas de la horticultura en 1 m² para niños es que el huerto rara vez requiere ser desherbado. ¡Casi nunca!

Así pues, emplee la malla geotextil antigerminante como «suelo» para el cajón. Pero más que limitarse a decir a los chicos lo que deben hacer, ¿por qué no aprovechar la oportunidad para desarrollar técnicas de solución creativa de problemas y de investigación científica? Pídales que piensen en una lista de cosas que se podrían utilizar en lugar de malla y que averigüen si funcionarían como sustitutos. Recuerde: lo que se emplee debe impedir que las plantas crezcan debajo del cajón, pero ha de permitir el drenaje del agua. No se puede emplear un material a base de papel, porque la idea es que dure al menos 10 años, y tampoco sirve el plástico ordinario, porque impide el drenaje. ¿Qué otras opciones hay?

Periódico. Sí, el papel de periódico es fácil de usar, barato, y si lo mojamos y aplicamos varias capas, podría bloquear el crecimiento de las malas hierbas. También es fácil de colocar bajo el cajón, porque tiene la forma adecuada. Pero pidamos a los niños que piensen razones por las que podría no funcionar. En ciencias, esto se denomina «demostrar la teoría». Tras un rato de reflexión, la mayor parte de los niños se darán cuenta de que el periódico se degrada con el tiempo. El cajón estará libre de hierbas durante una temporada, pero el año próximo las malas hierbas comenzarán a asomar. No es lo ideal, ¿verdad? Así que el periódico no es un buen sustituto.

Cartón. ¿Qué tal las cajas de cartón desmontadas? No suelen ser muy caras (puede pedirlas en tiendas de comestibles). El cartón es bastante resistente, ¿verdad? Pero no nos quitemos la bata de científicos. ¿Cuál sería el problema con el cartón? Cierto, igual que el periódico, se rompe con el tiempo. Así que el cartón tampoco funciona.

Mientras mantengan el interés, trabaje con los niños para explorar otras opciones. He probado muchos materiales distintos con los años y la malla geotextil antigerminante parece ser el claro ganador.

· ·

La malla geotextil antigerminante se extiende sobre el suelo para evitar el crecimiento de malas hierbas en el cajón de horticultura. Los agricultores la usan mucho en los semilleros, y la manera más económica de conseguirla es en rollo. Sin embargo, si únicamente construye un cajón, el empleo de periódico o cartón puede resultar más económico.

· ·

Sobre la superficie del cajón, se coloca una cuadrícula resistente como referencia para plantar y mantener el huerto. Tome nota de la forma de agrupar las plantas: pequeñas (16 por cuadrado) en las esquinas; medianas (9 por cuadrado) en las secciones intermedias entre las esquinas, y una grande (1 por cuadrado) en el centro.

Construir la cuadrícula

Haga un alto en el camino y felicite al joven que acaba de terminar su primer cajón de horticultura. Es un gran logro y un magnífico comienzo. Pero ahora hay que construir otro elemento para que se trate de un verdadero cajón para un huerto en 1 m²: ¡la cuadrícula! Recuerde siempre que no es un huerto en 1 m² si no tiene la cuadrícula.

Eso se debe a que la cuadrícula permite el espaciado correcto de las plantas. También es útil para «rotar» cultivos. La cuadrícula permite saber dónde está cada cosa en el cajón y también le da un aspecto más ordenado. Pero lo mejor de todo es que una cuadrícula sobre el cajón es una manera ideal de ayudar a los chicos de cualquier edad a entender cómo funcionará su huerto en 1 m². Puede vivir un auténtico momento «¡ajá!» cuando los niños visualizan cómo se organizará el cajón y que cada tipo de planta tiene su propio cuadrado definido con claridad. El concepto es como si hubiera 9 huertos distintos en miniatura, colocados unos junto a otros, porque sembramos plantas distintas en cada uno de los cuadrados, separados única y exclusivamente por la cuadrícula.

¿Cómo construir la cuadrícula para el cajón del huerto en 1 m²?

Apuesto a que su hijo puede pensar cientos de maneras de trazar una cuadrícula sobre el cajón. Pero hemos de tener cuidado con lo que utilizamos. La cuadrícula del cajón debe ser duradera, porque se mojará y pasará mucho tiempo expuesta al sol. Por ello no utilizo hilo ni cordel para la cuadrícula. Se pudrirían. Incluso si no lo hicieran, los materiales como la cuerda tienden a combarse, se ensucian y al final se rompen. Además, se debe clavar un clavo en los bordes para atar la cuerda, y ese clavo sobresale y se oxida, algo poco seguro para las delicadas y suaves manos de los pequeños. Así que es recomendable emplear algo un poco más resistente. La mayor parte de las personas usan madera, aunque he visto a algunos horticultores emplear persianas de aluminio o tiras de plástico. Mientras pueda verla, no sea tóxica y dure, será adecuada.

Por suerte existe un material de construcción denominado «listones». Estas delgadas tiras de madera son perfectas para construir la cuadrícula. Los encontrará en las tiendas de bricolaje, los almacenes para constructores o las tiendas especializadas. Será una buena oportunidad para enseñar a los niños a comprar o a preparar un presupuesto.

Los niños que saben escribir deben añadir el precio de los listones a la lista de gastos. Llevar un registro de los gastos en sus diarios de horticultura les permitirá apreciar

Los listones de madera se encuentran en la mayoría de las tiendas de bricolaje en longitudes de 3 m y resultan relativamente baratos. Si los recoge de un centro de reciclaje, debe elegirlos con cuidado para encontrar trozos en buenas condiciones en toda su longitud.

la rapidez con la que se incrementa el coste de cualquier cosa. Se trata de que los niños conozcan toda la «historia» de su aventura con el huerto de 1 m². Ayude a los mayores en su aprendizaje sobre el presupuesto añadiendo el coste de la gasolina y el tiempo requerido para ir a comprar.

ACTIVIDAD EN EL HUERTO:
Aprender a comprar

Es habitual que los ⬤ horticultores preescolares (2 a 5 años) y los ⬤ aprendices principiantes (6 a 9 años) se sientan emocionados cuando se los invita a comprar lo necesario para terminar el cajón para el huerto en 1 m². En cuanto llegue a la tienda, deje que los niños pregunten al dependiente dónde pueden encontrar la madera. Aproveche la oportunidad para explicar a los más pequeños que, cuando es necesario encontrar algo en una tienda, pueden preguntar al dependiente. Entonces lleve a los pequeños al pasillo de la madera y ayúdelos a elegir los listones. Puede hacer que se sientan mayores y decidan algunas cosas. ¿Cuánto vale cada uno y cuántos necesitamos? ¿Cuál es el coste total? ¿Tenemos suficiente dinero y cuánto cambio nos darán? Ya que estamos en la tienda, ¿necesitamos algo más?

En el momento de pagar, déjelos entregar el dinero a la cajera y recoger el cambio. Imagínese lo mayores e importantes que se sentirán y cuánto crecerá su autoestima.

Los ⬤ medianos fantásticos (10 a 13 años) estarán más alertas en la excursión a la tienda. Comience antes de salir. Pregúnteles: «¿Cuánto listón necesitamos?». Tendrán que medir el cajón y recordar que necesitan 4 trozos lo bastante largos para atravesarlo. Acompáñelos a la tienda, pero dígales que deben encontrar los listones y comprarlos. Esto les dará la oportunidad de ejercitar plenamente su independencia e incrementar su sentido de la propiedad sobre su huerto.

Haga lo mismo con los ⬤ adolescentes cultivadores (14 años o más) más jóvenes. Sin embargo, aquellos que tengan edad de conducir pueden ir a comprar solos. Incluso pueden pagar con su propio dinero, obtenido de los pequeños trabajos de canguro o los que hagan después de la escuela. Dígales que depende de ellos completar el cajón y que se trata de un ejercicio de responsabilidad.

Constrúyalo usted mismo

Montar la cuadrícula es fácil para la mayoría de los niños.

1. Pida al pequeño que marque las zonas de corte (medir dos veces, cortar solo una: es otra lección importante).

2. Antes que usar la sierra circular o la caladora de papá, deje que los niños corten los trozos con una sierra manual. ¿Qué acabamos de ahorrar para el medioambiente? Sí, la electricidad. Así también aprenderán a emplear una sierra sencilla antes de enfrentarse al peligro y al coste de una herramienta mecánica.

3. Coloque la cuadrícula en su sitio (puede ser necesario medir antes para asegurarse de que cada cuadrado mida lo mismo, en caso de que las dimensiones interiores del cajón no sean las mismas en ambos sentidos) y ayude a su hijo a taladrar unos agujeros guía ligeramente inferiores al diámetro de los tornillos empleados para unir los trozos de listón en las zonas en que se cruzan.

4. Utilice tuercas y tornillos pequeños, o unos pasadores especiales que encontrará en la tienda de bricolaje para pasar por los agujeros guía y unir la cuadrícula. ¿Se acordó de comprar los tornillos cuando fue a la tienda?

La alternativa a los listones

Los listones son una buena elección para la cuadrícula, pero no es la única. Apuesto a que su hijo verá otras opciones en una visita rápida a la tienda local de reciclaje. Por ejemplo, puede usar unas cañas de bambú de segunda mano. Los niños encontrarán todo tipo de cosas que pueden emplear, y resulta un buen ejercicio para la imaginación. Los mejores materiales que he hallado son la madera, el metal viejo y las persianas venecianas plásticas. Estas últimas son muy baratas, y todo lo que el niño debe hacer es cortar las cuerdas, colocar las lamas en su sitio y cortarlas a la longitud necesaria. A continuación hay que taladrar los agujeros en las intersecciones, igual que con las de madera, e introducir un tornillo (o, mejor aún, un perno con remache de los que se venden en las tiendas de manualidades) para sujetar la cuadrícula. Utilice una tuerca por el lado opuesto al tornillo y podrá retirar la cuadrícula del cajón, plegarla y guardarla durante el invierno. ¿No es una buena idea?

Una recomendación en aras de la cautela: si los chicos construyen una cuadrícula con materiales ligeros, debe asegurarse de que esta no salga volando en un día de viento. Puede colocar una piedra en cada una de las intersecciones, o bien sujetar los listones al marco del cajón con chinchetas o clavos.

(Superior) Si utiliza un único perno con remache por intersección, su cuadrícula tendrá 4 uniones abisagradas que le permitirán doblarla para guardarla. **(Inferior)** CONSEJO: Las cuadrículas se moverán si no las fija a los laterales del cajón.

DIVERSIÓN CON EL ARTE:
Esos toques personales

¿Se ha dado cuenta de cuánto disfrutan los niños al colorear? Deles la oportunidad de expresarse y se volverán locos de alegría. Puede convertir la última etapa de construcción del cajón en un magnífico proyecto artístico. Cuando el cajón de cada niño esté acabado, tendrá un aspecto único, y el chico se sentirá orgulloso cada vez que lo muestre a un amigo, un abuelo o cualquier otra persona.

Al margen de la edad del niño, la idea siempre es la misma: crear una obra de arte individual con el propio cajón. De ellos depende cómo hacerlo. Eso es lo bueno del arte. El único requisito es que se lo pasen bien y sean lo más creativos posible. Estas son reglas que pueden aplicarse a todo en la vida, ¿no le parece?

La decoración más sencilla consiste en pintar el exterior del cajón. Proporcióneles pintura no tóxica y explíqueles que la salud de las plantas depende de que la pintura no llegue al interior del cajón. Por supuesto, el material artístico preferido puede diferir según el grupo de edad. Un *aprendiz principiante* puede querer usar tiza para poder ir cambiando los dibujos. En cambio, un *adolescente cultivador* quizá decida usar plantillas de estarcido en su cajón. Y no hay que detenerse aquí. ¿Qué otras maneras hay de decorar un cajón? Pida a los niños que dejen volar la imaginación. ¿Qué tal un símbolo, una bandera, un móvil o un molino de viento, o incluso una casita para pájaros? Recuerde, la cuadrícula también puede decorarse. Yo suelo pintarla de blanco, porque me

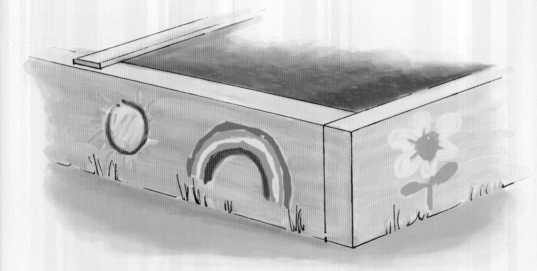

Los laterales del cajón son como la tela de un pintor. Permita que los artistas dejen volar su imaginación.

gusta su aspecto de contraste. Pero los niños pueden pintarla de cualquier color. Incluso pueden dar a sus amigos marcadores de distintos colores y hacerles firmar la cuadrícula. Así, su amigo se interesará por el huerto y su progreso. ¡Asombroso! Piense en todas las posibilidades.

Ahora su hijo tiene un cajón del que realmente se puede sentir orgulloso. Observe todo lo que ha logrado desde que se inició el proyecto de realizar un cajón para un huerto en 1 m². Y piense cómo lucirá ese cajón cuando esté repleto de plantas saludables. Bueno, casi hemos llegado. El paso siguiente es la adición de un poco de la mezcla de Mel para que las plantas que su joven horticultor haya elegido en un principio disfruten del lugar ideal y crezcan grandes, fuertes y sin ningún problema.

Una capa de pintura de base acuosa sobre las superficies exteriores del cajón realza el huerto y le da un toque personal al proyecto. Evite que la pintura llegue a las superficies interiores.

La combinación de colores brillantes de las paredes del cajón puede extenderse también a la cuadrícula.

3

Ensuciarse: preparar la mezcla de Mel es tan fácil como hacer un pastel

Al llegar a este punto, y sin importar la edad de su hijo, comenzará a darse cuenta de que un huerto en 1 m² es algo especial y distinto. Los niños realmente comienzan a involucrarse y todo empieza a tomar forma una vez que han construido sus propios cajones y cuadrículas. Ahora es el momento de preparar la tierra para el huerto: es decir, de hacer la propia tierra.

Los horticultores en 1 m² emplean una tierra muy especial que denomino «mezcla de Mel». La preparo con 3 ingredientes muy importantes y contiene una combinación perfecta de nutrientes para que las plantas se desarrollen, una textura que drena bien y, lo mejor de todo, está libre de se-

millas de malas hierbas. Puede emplear un compost multiusos envasado de buena calidad. Pero para los chicos es bueno preparar su propia mezcla. Además, la calidad del compost comercial es variable. No obstante, en primer lugar deben entender un poco qué es el suelo y cuál es su función en esta actividad.

. . . .

La mezcla de Mel es un suelo casero compuesto a partes iguales de compost, turba (o fibra de coco) y vermiculita (un mineral que ayuda a la tierra a retener el agua y evita que se compacte y se vuelva muy densa).

. . . .

Maíz dulce cultivado en mezcla de Mel

Maíz dulce cultivado en compost puro

La historia de la tierra

Casi todos los que llegan a este punto del proceso del huerto en 1 m² preguntan: «¿Y por qué no sacamos tierra del jardín y llenamos el cajón con ella?». Esto nos conduce a uno de los elementos más importantes de la horticultura en 1 m². La mayoría de los horticultores tienen que abonar la tierra de su huerto cada primavera. ¿Por qué? Porque en la tierra de los jardines caseros no suele crecer gran cosa salvo malas hierbas. Los niños saben que lo contrario a pasarlo bien es sacar malas hierbas, así que lo mejor es evitarlas. Además, los niños prefieren no tener que realizar la labor anual de «mejorar» el suelo cavándolo e incorporando compost u otra materia orgánica descompuesta.

Shawn, un experimentado horticultor en 1 m² de Minnesota, realizó un experimento: plantó maíz dulce en compost y en la mezcla de Mel, uno junto al otro. Aquí puede comprobar que el maíz de la mezcla de Mel (fotografía de la izquierda) es el doble de alto que el cultivado en compost (fotografía de la derecha).

Mi idea –una idea que resulta atractiva para los chicos que veo practicar la horticultura– es rellenar el cajón con 15 cm de una tierra perfecta, la mezcla de Mel, que garantizará que los niños nunca tengan que arrancar malas hierbas. Vamos encaminados a pasarlo muy bien. Mezclamos la tierra, llenamos el cajón, añadimos la cuadrícula y comenzamos una historia feliz de horticultura con éxito garantizado.

Pero, ¿qué es la mezcla de Mel?

La mezcla de Mel es la tierra que preparo para rellenar el cajón para el huerto en 1 m². Se trata de una receta especial. Incluso los niños más pequeños han visto a su madre o a su padre cocinar y hornear en la cocina. Así que para ellos resulta divertido pensar que prepararán el suelo para su huerto de la misma manera que se elabora un pastel (con la diferencia de que no hace falta cocinarlo). La «receta» está compuesta por 3 ingredientes: *vermiculita, compost y turba (o fibra de coco)*. Echemos un vistazo a cada uno de ellos.

1. **Vermiculita.** Se trata de un tipo de roca especial. Se encuentra en todo el mundo. Se extrae y se muele en trozos pequeños. Pero esta es la parte emocionante: la roca se calienta en un horno hasta que estalla como las palomitas. Después de este proceso, presenta recovecos y grietas

como un bollo. Si a su hijo le cuesta comprenderlo, esta es la oportunidad de demostrar cómo la vermiculita retiene el agua del suelo. Unte un bollo pequeño (o cualquier otra pieza de bollería con levadura) con mantequilla y sujételo ligeramente inclinado. Explíquele que la mantequilla es como el agua en el suelo y que la vermiculita atrapa una parte del agua igual que el bollo atrapa la mantequilla. De esa manera, después de regar el huerto, el suelo retiene una parte del agua para las plantas.

2. **Compost.** El compost contiene una enorme cantidad de nutrientes, útiles para que las plantas crezcan sanas y fuertes. También ayuda a que el suelo retenga humedad para evitar que las raíces pasen sed, y además cuenta con espacio para el desarrollo de las raíces. ¿No suena genial? La mejor

parte es que el compost se genera reciclando todo tipo de materia orgánica. Mezcle al menos 5 tipos distintos para que las plantas obtengan todos los nutrientes necesarios.

3. **Turba.** Este ingrediente de la mezcla de Mel se forma por la descomposición de las plantas a lo largo de millones de años. Luego se la extrae del suelo y se la emplea para mejorar el huerto. Entre sus funciones se encuentra la de aligerar el suelo, lo hace más fácil de trabajar y actúa un poco a

modo de esponja para retener una cierta cantidad de agua, pero permite el drenaje del exceso. Ahora suele emplearse corteza o fibra de coco como alternativa renovable a la turba.

ACTIVIDAD EN EL HUERTO:
¡Vamos a preparar compost!

Puede adquirir el compost para preparar la mezcla de Mel en cualquier vivero o centro de jardinería, pero los niños se implican mucho más si preparan su propio compost de jardín. Si no cuenta con un compostador, puede comprar un modelo económico, o ayudar a su hijo a construir uno casero para que aprenda el arte de preparar compost. Se puede preparar compost con cualquier material vegetal, como residuos de cocina, hojas de zanahorias, hojas caídas, pieles de plátano, recortes secos de césped, cáscaras de naranja, corazones de manzanas, cortezas de melón o sandía e incluso hojas de lechuga desechadas. Los niños recogen los residuos de la cocina (sin grasas ni proteínas) en un cubo pequeño que se almacena bajo el fregadero y, cuando está lleno, se añaden todos los residuos al compostador. Incúlqueles el hábito de «cuidar» el compostador como parte de su educación en la responsabilidad y la disciplina. Explíqueles que los materiales se degradan con mayor facilidad cuando se remueve el montón de compost y se mantiene húmedo. La recompensa a todos sus esfuerzos será el conocido como «oro negro» de los horticultores.

¿Cuáles son los ingredientes del compost?

Marrones

Verdes

Un buen compost requiere una mezcla de materiales orgánicos (residuos) del hogar y del huerto. Entre los materiales *marrones* (fotografía de la izquierda), se incluyen hojas, hierbas, palitos, astillas de madera e incluso serrín. Entre los *verdes* (fotografía de la derecha), se encuentran recortes de hierba, residuos de hortalizas, hojas verdes y estiércol de vaca (nota: el perro no es una vaca). Se recomienda una relación de 3 partes de residuos de color *marrón* por cada parte de residuos *verdes*.

Problema matemático

¿Cuánta mezcla de Mel necesitamos? Me alegra decirle que es muy fácil de calcular –bueno, al menos para los medianos fantásticos y los adolescentes cultivadores. Tiene un cajón con un área de 1 × 1 m, que equivale a 1 m². (Se calcula empleando la fórmula para el área, multiplicando la longitud por el ancho). Un cuadrado es fácil, porque el ancho y el largo son iguales. A continuación, averigüe el volumen. El volumen se calcula multiplicando el área por la profundidad. La profundidad es de 15 cm, que equivale a 0,15 m. El volumen de su cajón para el huerto es 1 × 1 × 0,15 = 0,15 m³ (o entre 150 y 200 l). ¡Ya está! Ha acabado. El próximo paso es dividirlo en 3 partes iguales. Y eso también es muy fácil: hay que poner entre 50 y 70 l de cada ingrediente.

¿Cómo dice?

Hay algo interesante sobre la palabra *compost*. Se define como una mezcla de sustancias orgánicas en descomposición. Estas sustancias pueden incluir cualquier residuo de algo que está o estuvo vivo. El compost puede fabricarse con plantas u hojas, e incluso con algunos tipos de estiércol animal. Proviene de la palabra latina *compositum*, que significa disponer varias cosas de una manera nueva y mejorada.

¿De dónde se obtienen los ingredientes?

La adquisición de los ingredientes para preparar la mezcla de Mel requiere visitar un centro de jardinería, una tienda de bricolaje o un almacén de construcción. Es donde encontrará balas comprimidas de turba y enormes bolsas de vermiculita. Llame con antelación para asegurarse de que tienen existencias de ambas. Todos los centros de jardinería suelen tener compost. Pero el compost casero siempre es mejor que el comercial. Así que, si tiene un compostador y ha fabricado una buena cantidad de compost, ya cuenta con una parte de lo que necesita para preparar la mezcla de Mel.

Descubrimiento científico

Ayude a los niños a crear su propio ejemplo de volumen y peso. Necesita 6 piezas de cartón de 30 × 30 cm. Los niños deben encontrar cajas grandes de cartón y cortarlas en cuadrados de 30 cm por lado. El cajón tendrá exactamente el área de una de las cuadrículas –más tarde en el libro recurriré a él para una lección especial. Ayude a su hijo a cortar 6 cuadrados, cada uno de 30 × 30 cm. Ahora deben unir las caras con cinta adhesiva para formar una caja. Una vez terminada, habrán creado un cubo. Cubo y cúbico están relacionados, ¿verdad que suenan parecido? Lo que han construido es una caja de un pie cúbico (una caja de un metro cúbico sería demasiado grande y difícil de construir). El cajón contiene un pie cúbico de aire, pero ¿qué pasaría si llenase el cajón con agua? Bien, contendría un pie cúbico de agua. Lo mismo ocurre cuando llena el cajón con compost. Siempre tendrá un pie cúbico, sea cual sea el contenido.

Ahora piense en esta diferencia: ¿el cajón lleno de agua pesa lo mismo que lleno de aire? No, por supuesto que no. El peso es diferente, pero el volumen es el mismo.

¿Cómo se mide el volumen?

La mezcla de Mel se compone de partes iguales de los 3 ingredientes. Pero son cantidades iguales en volumen, no en peso. Antes de confundir a los más jóvenes con el término *volumen*, dígales que emplearán «las mismas cantidades de los 3 ingredientes para hacer la mezcla de Mel». No están listos para el concepto de volumen, aunque entiendan el de peso. Pero, si trabaja con chicos mayores, es una buena oportunidad para enseñarles algo muy valioso sobre los conceptos físicos de peso y medida.

Comience con una explicación muy simple que los niños entenderán. El *volumen* es el espacio que ocupa un objeto. El *peso* está relacionado con lo pesado o ligero que es un objeto. La cuestión es: ¿cuál es la mejor manera de explicarlo? El consejo de la izquierda le ofrece un buen truco que permite enseñar a los niños la diferencia entre ambos conceptos.

Las cantidades de la mezcla de Mel

Ahora tiene que pensar cómo medir los ingredientes para la mezcla de Mel. Necesita el mismo *volumen* de cada ingrediente. ¿Cómo conocer el volumen? ¡Por suerte, en ocasiones los fabricantes ponen el volumen en litros en las bolsas de los materiales! Y digo en ocasiones, porque a veces ponen el peso en lugar del volumen. Ha de proporcionar a los niños las mejores instrucciones para comprar todos los ingredientes y mezclarlos para sus cajones. Pero hay otra manera de medir el volumen una vez que tenga todos los ingredientes en casa. ¿Se acuerda del cajón? En lugar de una caja, puede utilizar un cubo para medir volúmenes iguales de cada ingrediente.

Cuando los niños vayan al centro de jardinería o al vivero, pídales que lean las etiquetas. Pronto descubrirán que ninguno de los ingredientes se vende en bolsas de 1 m². La turba se vende en bolsas marcadas en litros, pero las cantidades superiores a los 150 l se comprimen y envuelven en balas. Una bala completa equivale a 300 l, y media bala son 150 l. La vermiculita y el compost se venden en bolsas de tamaños variados y no suelen estar comprimidos.

Así pues, ¿qué comprar? Bien, deje que los niños lo averigüen. Es probable que tengan que comprar un poco más de lo que necesitan. Siempre pueden usar el exceso en un segundo cajón si deciden construir otro o incluso si desean ayudar a sus amigos a plantar su propio huerto. En cualquier caso, los materiales sobrantes nunca deben desecharse.

Puede saltarse las matemáticas sin problema si su único objetivo es conseguir las cantidades adecuadas de cada ingrediente para preparar la mezcla de Mel. Simplemente encuentre un cubo lo bastante grande, como este de pienso animal, y llénelo con la misma cantidad de cada uno de los 3 ingredientes. Mézclelos y habrá obtenido las proporciones correctas.

Construya el suyo propio

La preparación del compost le ahorrará algo de dinero y es una buena manera de aprovechar los residuos orgánicos. Si no tiene un compostador, puede ahorrar aún más dinero si lo construye usted mismo en lugar de comprarlo. Explique a los niños que un compostador debe permitir que el aire llegue a los residuos en descomposición, y que ellos deben ser capaces de voltear regularmente el compost para acelerar el proceso de degradación. Apuesto a que la imaginación de los más pequeños encontrará la manera de construir uno con un coste nulo. Considere esa opción.

Necesitará paredes, así que piense: ¿qué puede emplear a modo de paredes? ¿Qué tal esos palets de madera que usan en los almacenes y grandes tiendas? Puede encontrarlos cerca de las zonas de residuos detrás de las tiendas. Constituirían unas paredes muy prácticas con aberturas para permitir la entrada del aire.

¿Cómo puede conectarlas? Atándolas con un poco de alambre. Si clava 4 postes para valla en el suelo, puede atar el alambre a los postes y sujetar los palets. Deje la parte frontal abierta para acceder al montón de compost y darle la vuelta cada semana. En las regiones frías y húmedas, aísle los laterales y cubra la parte superior del compostador. De esta manera se asegurará de que el compost no se enfríe o humedezca demasiado y de que los microorganismos crezcan adecuadamente.

El caso especial del compost

La compra del compost es un poco distinta de la de los otros ingredientes. La mayoría de las empresas producen compost a partir de un único ingrediente –como estiércol de caballo o champiñones. Pero no le conviene usar un único tipo de compost en su huerto. Sería como alimentar a las plantas con un solo tipo de comida. ¡Y necesitan una dieta completa como nosotros! Por ese motivo, si no cuenta con un compostador en casa, debe comprar 5 tipos distintos de compost. Recuerde a sus hijos que el objetivo es comprar un determinado volumen de compost. Así que deben leer las etiquetas con cuidado y vigilar lo que compran.

Este es un buen momento para que los niños se tomen un respiro y escriban en su diario de horticultura exactamente lo que han aprendido sobre la mezcla de Mel y las matemáticas del volumen y el peso. Los horticultores más jóvenes pueden hacer dibujos de sus descubrimientos. La idea es mantener vivo el diario y hacer crecer el interés de los más pequeños.

¿Quiere un poco de diversión? Una alternativa al método de la lona (para el que basta la intervención de una única persona) es emplear un bidón o barril grande y limpio con una tapa que se ajuste herméticamente. El niño llena el bidón con los distintos ingredientes para la mezcla de Mel, coloca la tapa y lo hace rodar por todo el jardín trasero. Prepárese para reír a carcajada limpia, porque resulta muy divertido.

Preparar la mezcla

Cuando los niños practican la horticultura, realizan un ejercicio divertido, pasan tiempo en el exterior y queman una parte de su abundante energía. Por eso es fenomenal preparar la mezcla de Mel: es un buen ejercicio, resulta satisfactorio y es gratificante. Incluso es más fácil y divertido cuando intervienen los amigos o la familia (necesitará al menos dos personas para hacerlo). Realice la mezcla con delicadeza o aplastará la delicada vermiculita. Si se levanta demasiado polvo al trabajar, pida al joven horticultor que pulverice los ingredientes con un poco de agua –pero no la humedezca en exceso o será demasiado pesada para trabajar con ella. Y si se genera polvo durante el proceso, use una mascarilla.

Cuando tenga todos los ingredientes básicos de la mezcla de Mel y los haya combinado, los cajones de los chicos estarán listos para la siembra.

ACTIVIDAD EN EL HUERTO:
Preparar la mezcla

Puede decirle a su hijo: «¿Has visto la batidora de la cocina? Pues ahora vamos a construir nuestra propia mezcladora para preparar la mezcla de Mel».

1. Extienda una lona grande sobre el césped. Explique a su hijo: «Este será el bol de mezcla». ¿Te puedes imaginar un bol de mezcla lo bastante grande para contener toda la mezcla de Mel? Por supuesto que no. Así que hemos de emplear una lona.

2. Extienda los distintos tipos de compost en un lateral de la lona y cúbralos con la turba y la vermiculita. Mida cantidades iguales para completar un total de 200 l (no es necesario que sea demasiado preciso, ¡no estamos horneando un pastel!).

3. Con la ayuda de los amigos, de mamá o de papá, el joven tira de un lateral de la lona hacia el lado opuesto, mezclando los ingredientes en el proceso. Luego se invierte el sentido de la acción para mezclar en la dirección opuesta.

4. Si su hijo tiene amigos o familiares suficientes, pueden levantar la lona y volcar la mezcla directamente dentro del cajón. En caso contrario, habrá que traspasarla a una carretilla o cubo y llevarla así hasta el cajón.

4

El milagro en un cajón: la emoción de cultivar un huerto

Una vez que han comenzado a sembrar su huerto, los niños pueden sentir lo que vendrá después: cosechar y comer los deliciosos frutos y hortalizas. Pero, para llegar a ese punto, ha de asegurarse de que las plantas tengan un buen comienzo. Por suerte, en un cajón de horticultura en 1 m^2 no resulta demasiado difícil.

Como ocurre con cualquier estilo de horticultura, los chicos deben comenzar con semillas o plántulas, según la forma de multiplicación de cada planta en particular. Pero aquí es donde terminan los parecidos entre la siembra de un huerto tradicional y de uno en 1 m^2. Recuerde: ahorrará en semillas y plantas porque solo sembrará lo que dejará crecer, sin desperdiciar nada. No realizará aclarados, la práctica consistente en plantar muchas semillas y extraer todos los brotes excepto uno a un determinado espaciado.

Ya sea que use semillas o plántulas, la emoción de meter las manos en la tierra para hacer crecer las plantas es incomparable.

Plantar un huerto con niños

La magia de los preescolares durante el espaciado

Hola, soy Victoria Boudman, consejera delegada de la US Square Foot Gardening Foundation. También soy la madre de 5 chicos horticultores y he dedicado bastante tiempo a ayudar a los más jóvenes a cultivar lo que equivale a los huertos en 1 m². He diseñado estrategias a prueba de fallo para enseñar a los niños, sin que se den cuenta de que están aprendiendo algo (lo que no tiene precio). Aquí les presento unos cuantos consejos para plantar un cajón para un huerto en 1 m² con los más pequeños.

Los niños de 3 y 4 años están comenzando a entender el concepto de «sí mismos» y a dejar de considerarse anexos de sus padres. La mayoría tiene manos pequeñas que aún no dominan la psicomotricidad fina necesaria para plantar las semillas más pequeñas o trazar un espaciado perfecto en sus cuadrados. De hecho, están comenzando a aprender a sujetar los lápices de colores y a colorear sin salirse de las líneas. Resulta emocionante introducirlos en los primeros conocimientos sobre el crecimiento de una semilla. Son muy curiosos y les encanta hacer preguntas.

La mejor manera que he descubierto para plantar un cajón con niños tan pequeños es generar un evento. Léales libros sobre las semillas apropiados a esa edad. Llévelos a la frutería y elija algunas hortalizas en el pasillo adecuado. Enséñeles los nombres de las hortalizas y déjelos tocarlas. De esta manera la excursión será divertida e interactiva. Ni siquiera hace falta que compre nada. Enséñeles los colores, déjelos dibujar las plantas que les gustaría cultivar y coloque los dibujos sobre palitos de piruletas. Algunos harán un dibujo, mientras que otros posiblemente estén aprendiendo las letras y quieran escribir el nombre.

Si el cajón es solo para un niño, le recomiendo que lo construya de 60 × 60 cm. Cuatro cuadrados, uno para cada año de su vida, si su hijo tiene esa edad. También resulta fácil contar 4 cuadrados. Prepare el cajón con la mezcla de Mel (pero no coloque la cuadrícula). Muéstreles cómo comprobar si la tie-

rra está húmeda o si necesita riego. La mezcla de Mel siempre debería estar húmeda al tacto, ni muy mojada ni seca. Está muy bien que los niños quieran tocar la tierra; pueden llevar palas de jardinería o de juguete y cavar un poco. Dígales lo que deben hacer y que prueben a cavar un agujero para verificar si la tierra está húmeda incluso en el fondo. Si no lo está, es momento de sacar la manguera, ajustarla para que emita una pulverización fina y dejarles humedecer la superficie. Resulta muy divertido. Si por accidente mojan a alguien, hágales simular que son flores y que llueve. Que sonrían y agiten los brazos. Hay que demostrarles la importancia de que el riego sea prolongado para que el agua llegue hasta el fondo del cajón, pero que debe ser pulverizada para no arruinar la estructura de la mezcla de Mel y que las plantas se desarrollen de forma adecuada.

A continuación, desvele la cuadrícula. Es un juguete. Escóndala tras su espalda y pregúntele al pequeño de qué se trata. Preséntela con gran ostentación y revuelo con un «¡tachán!». Pregunte: «¿Para qué crees que son estos palos mágicos?». Abra la cuadrícula y colóquela sobre la tierra. Muéstrela.

Explique a los niños mayores que van a dividir un cuadrado grande en 4 más pequeños. En primer lugar dibuje una línea sobre la tierra en cada sentido, y a continuación coloque la cuadrícula sobre las líneas trazadas. Entonces retírela y hágales repetir el «zip, zap». Cántelo: «Zip, zap». Se convertirá en la canción que canturreen el resto de sus vidas. La diversión comenzará en ese momento.

El espaciado es una gran oportunidad para enseñar a más de un niño. Imagínese que tiene toda una clase de preescolares sentados en el suelo con las piernas cruzadas junto al cajón. Pídales que se sienten lo más cerca posible, tocando las rodillas con las de sus vecinos. Entonces solicíteles que extiendan sus brazos. Les parecerá muy divertido y harán bastante ruido porque se tocarán entre sí. A continuación pida que se pongan de pie manteniendo los brazos extendidos. Deben clavar los pies en el suelo. Dígales que se imaginen que son como las semillas que van a sembrar. Pregúnteles si están a gusto tan apretujados y juntos. Déjelos separarse hasta que sus brazos ya no se toquen. Hágalos girar sobre sí mismos y pregúnteles si disfrutan de la libertad y el espacio. Así enseño por qué plantar las semillas o las plántulas de determinada manera.

Deje que los horticultores más jóvenes jueguen con la cuadrícula antes de colocarla sobre el cajón.

¿Cuáles son las semillas más indicadas para los dedos pequeños?

Judías verdes: Puede elegir entre varios colores. Las semillas son grandes y fáciles de manipular y contar. Siembre 9 en cada cuadrado. Resulta divertido hacerles contar las 9 semillas de judías que quieren sembrar, y otras 9 como reserva por si acaso. A continuación pídales que remojen las semillas durante 10 minutos en una taza de agua del cubo de agua calentada por el sol que conserva junto al cajón.

Girasoles: Crecen con rapidez y presentan unas flores perfectas. Siembre 4 plantas de tallo corto por cuadrado, o solo una si la variedad es más larga.

Maíz dulce: Guíe a los niños hacia la elección de una variedad corta (y de maduración rápida si la temporada de cultivo es corta). Los niños pueden elegir las semillas que necesitan para colocar 4 plantas de maíz por cuadrado. Para asegurar el crecimiento, coloquen 2 semillas en cada uno de los 4 agujeros que hagan con los dedos. Muéstreles que las semillas de maíz dulce están secas y arrugadas, pero si se las remoja en agua tibia durante 20 minutos se hinchan y están listas para ser sembradas y comenzar a crecer con rapidez. Si hace esto en primer lugar, mientras habla sobre el huerto en el cajón, pídales que separen 4 semillas, y luego otras 4 más por si acaso. Más tarde, cuando el maíz dulce haya germinado, si han brotado las dos semillas del mismo agujero, hay que elegir la más grande y fuerte y cortar la otra con tijeras para niños.

Rabanitos: Crecen tan deprisa que los niños no tendrán que esperar mucho para que la semilla se convierta en planta. Además, puede sembrar 16 en cada cuadrado. No hace falta remojar las semillas antes, pero los niños deben sujetarlas con cuidado, porque son pequeñas y redondas y ruedan de la mano. Haga que los niños siembren 2 semillas en cada uno de los 16 agujeros que habrán perforado con los dedos.

Los padres y los niños de todas las edades disfrutan de la diversión y el sentido del logro al reunirse para trabajar alrededor de un cajón de un huerto en 1 m^2.

Los cuadrados de la cuadrícula constituyen una fácil lección de geometría para los más jóvenes al dividir el espacio para la siembra con el método «zip, zap, bing, bing, bing, bing».

¡Divida y vencerá!

Volvamos por un momento al primer capítulo. ¿Recuerda que sembrará 1, 4, 9 o 16 plantas por cuadrado? Los niños deben entender que, para que sus plantas crezcan lo más grandes y fuertes posible, deben espaciarse de manera regular en el cuadrado en el que se siembran. El objetivo es que cada planta obtenga suficiente alimento, luz solar y agua. Imagínese si un niño tuviera hermanos y hermanas que recibieran platos de comida más grandes, dormitorios más amplios y mucho más espacio para jugar. Ese niño estaría triste y crecería mucho más despacio que sus hermanos, ¿o no? Pues bien, en ese aspecto las plantas se parecen mucho a las personas.

Pero ¿cómo se asegura de que todas las plantas del huerto de 1 m² obtengan el mismo espacio y los mismos recursos? Es cierto, divida cada cuadrado en porciones más pequeñas pero iguales para cada una de las plantas que vivirán en ese espacio. ¿Y cómo lo consigue? Sí, podría medir secciones iguales, dibujarlas en una hoja de papel y asegurarse de que cada planta obtenga la cantidad correcta de espacio, pero es mucho trabajo. Quizá haya una manera más simple. Sí, por supuesto que la hay, y la he denominado «zip, zap, bing, bing, bing, bing». Todo lo que hace falta son los dedos de una mano para espaciar cualquier número de plantas correctamente.

La caja de herramientas

Es posible que, al visitar el centro de jardinería o el vivero de su localidad, los niños se hayan quedado asombrados ante la cantidad de herramientas que hay a la venta. Lo que resulta aún más sorprendente es que no necesita ninguna de ellas para el huerto de un niño. Los niños pueden ahorrar su semanada para plantas y semillas. Todo lo que necesitan para su huerto en 1 m² es un lápiz, una pala, un cubo y las tijeras escolares. Todos esos utensilios pueden dejarse fuera, junto al cajón, para que estén a mano cada vez que los necesite. ¿No es fenomenal?

¿Para qué las necesita?

Una pala. Para cavar un agujero si trasplanta una plantita desde su recipiente, o si añade compost al replantar cada cuadrado después de la cosecha.

Un lápiz. Para escribir el diario del huerto. También, si no quiere ensuciarse los dedos, para hacer el agujero en el que se introduce la semilla.

Unas tijeras (tamaño infantil, con la punta redondeada). Para recolectar algunas plantas, como las hojas de lechuga. Cómprelas en vacaciones, cuando hay ofertas de material escolar.

Un cubo de agua. Para que el sol caliente el agua. Utilice un vaso o taza de plástico para sacar el agua tibia y regar cada planta.

Las únicas herramientas necesarias para sembrar y mantener un huerto de 1 m² son un lápiz, una pala, unas tijeras pequeñas y un cubo.

ACTIVIDAD EN EL HUERTO:
«Zip, zap, bing, bing, bing, bing»

Para empezar, pida al niño que divida un cuadrado en cuartos con cuidado. Basta con trazar una línea recta vertical con el dedo por el centro del cuadrado: ese es el «zip» (y no hace falta que sea perfecto: recuerde que se trata de sembrar un huerto, no de construir un rascacielos). A continuación se cruza esa línea justo por el centro con un trazo perpendicular: ese es el «zap». Luego se hace un agujero justo en el centro de cada uno de los cuadrados más pequeños trazados: «bing, bing, bing, bing» (porque hay 4 cuartos). Allí van las plantas.

«¡Zip!». Con el dedo, dibuje una línea sobre la mezcla dividiendo la cuadrícula.

Superior: «¡Zap!». Dibuje una segunda línea con el dedo, perpendicular a la primera, para dividir la cuadrícula en cuartos. **Inferior:** «¡Bing, bing, bing, bing!». Haga un agujero en el centro de cada cuadro para las semillas.

El sistema «zip, zap, bing, bing, bing, bing»

Esta es una forma maravillosa de enseñar a los niños cómo espaciar las plantas en su huerto en 1 m². Y es una táctica fenomenal para enseñarles fracciones. ¡Y suena muy divertido! Así pues, ¿qué es «zip, zap, bing, bing, bing, bing»?

Se me ocurrió este juego para enseñar a los niños cómo dividir con rapidez un cuadrado en zonas de siembra, de una manera que recordaran siempre y les resultara divertida.

El sistema «zip, zap» funciona a la perfección para sembrar hortalizas grandes que necesitan todo un cuadrado para ellas solas. Dibuje la línea del «zip» y la del «zap» y con un único «bing» haga un agujero en el centro, donde se cruzan las dos líneas.

¿Debe sembrar planteles? Resulta fácil para el niño ampliar el método para las plantas que requieren espaciarse a 16 ejemplares por cuadrado. Después del «zip, zap», que forma los 4 cuartos iguales, en lugar de perforar un único agujero en el centro de cada uno, el niño debe extender dos dedos, como si hiciera el símbolo de la paz, separándolos más o menos lo que dista uno de sus ojos del otro. Entonces, en cada uno de los cuadrados más pequeños, debe perforar dos veces, dos agujeros cada vez. Así hará un total de 4 orificios por cuadrado pequeño. Si hace lo mismo en cada uno de los cuadrados pequeños, ¡conseguirá el número mágico de 16!

Pero ¿y las plantas que se espacian a 9 por cuadrado? Veamos qué se puede hacer.

El niño hace unos «cuernos» extendiendo el índice y el meñique, y arrastra la mano por el centro del cuadrado. ¡Bingo! ¡El cuadrado ha quedado dividido en tercios! Ahora hace

Para dividir una cuadrícula en 9 porciones iguales, el niño simplemente extiende sus dedos índice y meñique y traza un par de líneas perpendiculares entre sí sobre la tierra.

lo mismo en sentido perpendicular, trazando dos líneas que se cruzan con las primeras. ¿Y qué ha obtenido? ¡9 cuadrados iguales! ¿Qué le parece? Ahora solo falta «bing, bing, bing» en el centro de cada cuadradito, que es donde irán las semillas.

Recuerde: quien no quiera ensuciarse las uñas puede usar el lápiz en lugar de los dedos para perforar.

No hay manera más rápida y sencilla de espaciar las plantas en un huerto en 1 m² que con el método «zip, zap, bing, bing, bing, bing». Los niños se reirán de lo divertido que es. Al hacerlo como un juego, ni se darán cuenta de que, mientras se divierten, están adquiriendo habilidades matemáticas.

A pesar de que el método «zip, zap, bing, bing, bing, bing» es en esencia un juego con los dedos, casi como la rayuela, resulta ideal para enseñar conceptos matemáticos mientras el niño juega.

Sé que usted o su hijo no estarán interesados o no se sentirán cómodos con la asignatura de matemáticas, pero esto no supone un problema. Puede emplear los mismos conceptos con las denominaciones monetarias. Este es un ejemplo del aprendizaje de conceptos prácticos a través del juego; todos utilizamos el dinero, que es muy tangible, así que los conceptos matemáticos aún serán más accesibles. El objetivo es que la horticultura en 1 m² sea divertida y atractiva para los niños, así que no pasa nada si quiere saltarse las lecciones de matemáticas en el huerto. ¡No se lo diré a nadie!

A partir de ahora, los niños pueden comenzar a sembrar sus cosechas futuras y, naturalmente, a aprender mientras siembran. El primer paso quizá debería ser comenzar con el aprendizaje sobre lo que van a sembrar (qué semillas, qué espaciado, cuánto riego, etc). Existen dos maneras distintas de sembrar plantas nuevas, y los niños deben conocerlas.

Problemas matemáticos

Para los horticultores preescolares (2 a 5 años), esta es una manera sencilla de aproximarse a la idea de las fracciones básicas mientras hacen agujeros para sus plantas. «Si divides el cuadrado por la mitad, ¿cuántas mitades tiene?». «Muy bien, dos. ¿Hay alguna otra manera de dividir el cuadrado por la mitad?». «Bien, en diagonal. ¿Y en cuartos? ¿Cuántos cuartos tiene? Son la mitad de una mitad, ¿no es así?».

Cualquier maestro o padre puede partir de estas preguntas y respuestas para crear un diálogo sobre las distintas fracciones y por qué las cosas reciben el nombre que tienen (así como sobre los otros nombres que reciben las mismas cosas).

Durante el proceso, elabore preguntas más complicadas si se trata de chicos de más edad. Por ejemplo, puede preguntarles qué ocurre al dividir el cuadrado con dos dedos en lugar de hacerlo con uno solo: se divide en tercios. Entonces puede enseñarles cómo las fracciones se escriben en forma decimal. Como decimal, el cuadrado puede escribirse como 1,0. Recuerde que ½ es la mitad de todo el cuadrado. La otra manera de leer ½ es «1 dividido entre 2». Si utiliza una calculadora (o si escribe la división), verá que la respuesta es 0,5. Esa es una manera de convertir todas las fracciones en decimales. Por diversión, puede pedir a los niños que escriban tanto las fracciones como los decimales en la tierra de los cuadrados mientras los dividen.

Los adolescentes cultivadores (14 años o más) son capaces de enfrentarse a un reto más difícil. Dividan un cuadrado en tercios como si la intención fuese plantar 9 semillas por cuadrado. «Ahora, ¿cómo conviertes ⅓ en un número decimal?». «Claro, igual que arriba: se divide 1 entre 3 y ya está. Pero ocurre algo distinto, ¿no? Obtenemos 0,33333, y así sucesivamente. Este número se conoce como decimal periódico, y hay muchos de ellos».

Utilice los números para ilustrar con rapidez tanto los patrones de siembra como la teoría que sustenta el método.

¿Cómo dice?

Los niños escuchan todo tipo de términos relacionados con la siembra de sus huertos en 1 m². Siempre resulta de utilidad para ellos saber lo que significan, para entender lo que ocurre con sus semillas y las nuevas plantas.

Germinar es una palabra divertida, ¿no es así? Contiene la partícula *germ*, que no suena muy bien. Los gérmenes suelen ser nocivos y causar enfermedades, pero en este caso *germ* significa el primer indicio de vida en desarrollo. Se habla de «el germen de una idea» para indicar que se trata del inicio de una gran idea. Y eso es precisamente una semilla. Es el inicio de una planta. La palabra *germinar* describe lo que hace una semilla cuando comienza a crecer la planta a partir de ella. *Germinar* significa «desarrollarse para formar un espécimen». ¿Le parece una buena idea que los niños hagan un dibujo de la germinación?

Plántula es una palabra que es posible que muchos niños conozcan y entiendan, pero es mejor asegurarse de que es así. Una plántula no es la semilla, pero tampoco es la planta adulta. Es el primer crecimiento que sobresale del suelo. Las plántulas son delicadas y deben cuidarse bien para que crezcan grandes y fuertes. Son como los bebés de las plantas, pero por suerte ¡no hay que cambiarles los pañales! Algunas plántulas más grandes reciben el nombre de «plantas iniciadoras» o plantas jóvenes en los viveros o centros de jardinería.

Cuando una semilla germina, asoma su cabeza sobre la tierra, revelando un tallo fino y habitualmente el envoltorio de la semilla. Es un momento muy emocionante para los jóvenes horticultores.

Las plántulas son las plantas muy jóvenes que tienen al menos un par de hojas sobre el tallo emergente. Cuando crecen y se fortalecen, son lo bastante resistentes para ser trasplantadas a un huerto.

Descubrimiento científico

Es hora de divertirse con la meteorología y de ayudar a sus hijos a establecer la conexión entre el medioambiente y su huerto. Pídales que dediquen una página de sus diarios de horticultura a la «temperatura exterior». Anotarán la temperatura cuando se levanten por la mañana, una o dos veces durante el día y antes de irse a la cama. Para los 🕐 horticultores preescolares (2 a 5 años) y los 🐝 aprendices principiantes (6 a 9 años), basta con preparar una tabla simple con una columna titulada «temperaturas» y 3 o 4 líneas identificadas con la franja horaria, para que aprecien la tendencia general de las temperaturas: subir durante el día y bajar por la tarde.

Por otra parte, los 🌿 medianos fantásticos (10 a 13 años) y los 🌱 adolescentes cultivadores (14 años o más) pueden hacer anotaciones un poco más complicadas. Pueden añadir una línea inferior y denominarla «temperatura media». Ahora, ¿qué es la temperatura media del día? Si los chicos han anotado la temperatura a 4 horas distintas, pueden obtener la media sumando los 4 números en la columna y dividiendo el resultado entre 4. Acaban de aprender a calcular medias, lo cual resulta muy útil al realizar estadísticas sobre la temporada de sus equipos favoritos de fútbol o baloncesto.

La siembra de plantas a partir de semillas es más divertida, ya que los niños pueden elegirlas e implicarse en todas las etapas del crecimiento, desde la semilla hasta el plato.

La siembra de las semillas

La mayoría de las plantas que un niño elige para su huerto provienen de semillas. Los niños adoran manipularlas y sembrarlas; es un reto que mantiene la emoción, pero lo bastante sencillo para que nadie se sienta frustrado y que todos tengan la gran sensación de satisfacción al final. Hay que sembrarlas con tiempo en la estación correcta del año para que se desarrollen con éxito. Las semillas suelen plantarse cuando la temperatura exterior ya se mantiene por encima de los 10 ºC. Esta es otra oportunidad para que los niños más jóvenes practiquen la confección de una tabla.

ACTIVIDAD EN EL HUERTO:
Sujetar las semillas

Convierta la práctica de la siembra de una única semilla en un juego, para que los niños puedan perfeccionar la técnica sin aburrirse. Se parece a jugar a los dados, pero se juega con las semillas y una hoja de papel blanco. Pida al chico que dibuje un blanco sobre el papel, con varios círculos concéntricos y una diana en el centro. Colóquelo sobre una mesa frente a la silla. Entonces su hijo debe verter unas cuantas semillas del paquete sobre la palma de una mano e intentar atrapar una semilla con el índice y el pulgar de la otra. Pídale que deje la semilla sobre el papel, justo en el blanco. En ocasiones creen haber recogido solo una semilla y resulta que son 3 o 4. Después de un poco de práctica, incluso los aprendices principiantes (6 a 9 años) no tienen problema alguno para hacer el ejercicio. Los niños más jóvenes suelen hacerlo bien con las semillas de mayor tamaño, pero quizá tenga que ayudarlos con las más pequeñas, para evitar la siembra excesiva y el desperdicio de semillas.

La sujeción de semillas es una actividad que ayuda a los chicos a practicar la manipulación de semillas antes de salir al huerto para la siembra. Extienda algunas semillas sobre una hoja blanca de papel y compruebe si el niño puede recogerlas una a una. Para darle mayor emoción, dibuje un blanco sobre el papel y verifique si puede colocar la semilla justo en el centro.

Sujetar semillas

Haga que los pequeños comprueben la información en el paquete de semillas y que los mayores entren en internet y averigüen las fechas de las heladas en su zona y en otros lugares para determinar las mejores épocas de siembra para las plantas de su elección. Una vez que se haya asegurado de que la temperatura es adecuada para la siembra, es hora de poner las semillas en la tierra. Pero debe asegurarse de que el pequeño sepa plantar las semillas una a una. Puede resultar más difícil de lo que se imagina, dependiendo del tamaño de la semilla que quiera plantar.

Por esto sugiero que incluso los adultos practiquen la técnica de la «sujeción» antes de salir al huerto a sembrar.

En el huerto, el niño comprueba en primer lugar la humedad de la mezcla de Mel para asegurarse de que esté lo bastante mojada para comenzar la siembra. A continuación vuelca unas cuantas semillas en la palma de una mano, sujeta entre 2 y 3 semillas y las coloca en el agujero que ha perforado con el «zip, zap, bing, bing, bing, bing». (El agujero debe ser entre 2 y 4 veces más hondo que el tamaño de la semilla). Pida a su hijo que plante toda una cuadrícula antes de pasar a la siguiente con un nuevo tipo de semillas. Pulverice agua sobre los cuadrados una vez finalizada la siembra.

¿Qué hay en una semilla?

Las enseñanzas en un huerto pueden comenzar con algo tan pequeño y tan simple como una semilla. Pregunte a los niños cómo creen que van a crecer sus semillas. «¿Subirán hasta el sol?». «¿Sí?». «¿Así que la parte superior de la semilla sale primero?». «En realidad no es así, y vamos a ver por qué».

Esta explicación puede aplicarse a cualquier franja de edad, porque la idea básica es la misma. Antes de subir hacia el sol, la semilla busca nutrientes, sujeción y agua. Así que lo primero que hace es extender sus raíces *alimenticias* hacia abajo. En cuanto las raíces comienzan a absorber agua y minerales para impulsar el crecimiento, brota la parte superior y se dirige hacia la superficie. De hecho, no es la luz solar o un reloj interno en la semilla lo que desencadena el crecimiento. Es la gravedad. La semilla necesita cargar energía para que la parte superior pueda crecer contra la fuerza de la gravedad.

Esta secuencia temporal muestra lo que ocurre cuando una judía germina y brota. Note cómo las raíces se extienden hacia abajo en primer lugar para cargar suficiente energía, sujetar el tallo para proyectarse y salir de la tierra hacia la luz del sol.

Una de las preguntas básicas que hay que plantear a los jóvenes horticultores es si todas las plantas se desarrollan a partir de semillas. La respuesta es no. Los horticultores preescolares y los aprendices principiantes quedarán sorprendidos al descubrir que las plantas pueden desarrollarse a partir de semillas, de otras cosas que se parecen a las semillas o de otras que no se les parecen en nada. ¡Por eso el mundo de las plantas es tan interesante!

Con los medianos fantásticos y los adolescentes cultivadores, puede hablar sobre cuáles son esos otros métodos. Las *esporas* son como semillas, porque necesita un «medio» para crecer (como la tierra), pero, a diferencia de estas, solo contienen la información genética de la planta, y no nutrientes almacenados para que esta se desarrolle. Pregunte a los niños si se les ocurre algún ejemplo de plantas que crezcan a partir de esporas (una pista: las setas).

Las plantas también pueden crecer a partir de una planta madre, una planta adulta que proporciona a la nueva todo lo que necesita para crecer. Esto suele ocurrir con los *tubérculos*. Pida a los niños que investiguen y busquen el nombre de 3 tubérculos. Las plantas nuevas también pueden formarse a partir de un *rizoma* o un *estolón*. Los rizomas son crecimientos alargados y delgados del tallo que se extienden bajo el suelo; las plantas nuevas se desarrollan a partir de las *yemas* situadas a lo largo del rizoma. Los estolones son como rizomas, pero crecen por encima del suelo y la nueva planta se forma en el extremo que vuelve a tocar el suelo (busque todas estas nuevas palabras en el diccionario). ¡Vaya conocimientos que están adquiriendo!, esto indica lo adaptables que son las plantas. Y lo listos que son los que aprenden.

Este es un ejemplo de semillas dispersadas por el viento que seguramente reconocerá. Las semillas del diente de león son llevadas por el viento (o por el soplo de los niños). Esta técnica les funciona muy bien a los dientes de león. Los verá en muchos sitios; quizá alguno aterrice en su huerto.

Superior izquierda: Un estolón es un brote que crece encima del suelo a partir de una planta madre y arraiga en el suelo cercano para iniciar una nueva planta.
Superior derecha: Un rizoma es como un estolón, salvo que se extiende bajo el suelo, y la nueva planta crece hacia arriba a partir de un nudo del rizoma.

Descubrimiento científico

Exploremos otra manera genial de hacer crecer una planta: a partir de un esqueje. Un esqueje es un trozo de planta que se corta de la planta madre y se utiliza para obtener una nueva. No todas las plantas pueden desarrollarse a partir de esquejes. Pero, cuando es posible, es una forma de conseguir una planta gratis.

Este es un experimento divertido y sencillo para todas las edades, aunque tendrá que adaptarlo para los más pequeños y ayudarlos un poco más con la tabla y con todo el proceso del experimento.

1. Pida al niño que llene 3 vasos pequeños con compost y otros 3 vasos pequeños con agua limpia.

2. Ayúdelo a cortar 2 tallos de 3 plantas distintas: cada uno de ellos debe tener la longitud de una pajita. Compruebe que los esquejes provengan de plantas perennes con flor –como un geranio o una fucsia–, arbustos de cualquier tipo y una tomatera si la tiene a mano.

3. El niño debe escribir los nombres de las plantas de las cuales se han cortado los esquejes en su diario de horticultura. Debe trazar dos columnas: «agua» y «compost».

4. Entonces el niño debe cortar las hojas inferiores de cada tallo y plantar una planta de cada tipo en los vasos de compost y colocar la otra en los vasos de agua.

Tome 2 esquejes de 3 plantas distintas. Coloque una de cada tipo en un vaso de agua y plante la otra en compost húmedo. Póngalos en el alféizar de una ventana y compruebe cuál crece más deprisa.

5. Hay que comprobar cada día los signos de crecimiento nuevo y marcar cuáles son los esquejes que crecen y se desarrollan y cuáles, por el contrario, son los que mueren. ¿Qué conclusiones puede extraer el joven científico de sus «datos»? Puede escribir sus conclusiones y pensar otros experimentos similares para aprender algo más sobre los esquejes y verificar sus conclusiones. Incluso puede utilizar estos datos como proyecto para obtener un crédito en su clase de ciencias o participar en la feria de ciencias de la escuela.

Si tiene la oportunidad, cualquier joven horticultor de 1 m² es capaz de sentarse y pensar 10 nuevas preguntas sobre el crecimiento de las plantas y sobre la formación de plantas nuevas. Después debería buscar las respuestas a todas sus preguntas. Puede ser autodidacta. ¡Y pensar que todo este conocimiento comenzó con una pequeña semilla!

Guardar las semillas sobrantes

Las empresas que venden semillas ponen muchas en cada paquete porque suelen venderlas a horticultores tradiciona-

les, quienes plantan en exceso y después aclaran las plántulas cuando brotan. En la horticultura en 1 m² no se desperdician semillas; solo se utiliza un par en cada agujero. Así que es muy probable que su pequeño horticultor tenga un sobrante de semillas. ¡No las tire! Pida al pequeño que doble los paquetes de semillas y los coloque en una bolsa con cierre. O puede guardarlas en un frasco pequeño con tapa. Selle la bolsa o el frasco, haga que el niño le dibuje una etiqueta bonita (los dibujos o fotografías funcionan igual de bien) y coloque las semillas en el fondo de la nevera para la próxima ocasión. Repase con su hijo cuáles son las condiciones que una semilla necesita para brotar. La humedad y el calor son las respuestas correctas. Entonces, ¿cuáles son las condiciones de almacenamiento para que esas semillas no germinen? Sequedad y frío, ¡por supuesto!

Las semillas sobrantes pueden almacenarse en el fondo de la nevera para la próxima temporada. Colóquelas en un frasco con tapa o en una bolsa de plástico con cierre y acuérdese de etiquetar los envases.

Plantar en el exterior

Algunas plantas, como la mayoría de las coles, tardan tanto en crecer que no hay suficiente tiempo para cultivarlas a partir de semillas en el exterior. Eso significa que deben «iniciarse» en el interior mientras fuera aún hace demasiado frío para sembrarlas. Entonces, cuando el tiempo mejore, su joven horticultor trasplantará su plántula al huerto.

En la mayoría de los casos, comprará plantas jóvenes en un vivero o centro de jardinería. Explique a sus hijos: «Son bebés de planta. Igual que los bebés, deben tratarse con mucho cuidado». Retire la planta de su envoltorio y verifique que sus raíces estén en buen estado.

¿Cómo dice?

¡Alerta! Otra expresión de jardinería: *raíces en ovillo*. Significa que las raíces han crecido tanto dentro de la maceta que no pueden crecer más y están apretujadas en el espacio disponible.

Si la planta tiene las raíces en ovillo, el niño empleará una de sus herramientas del huerto (una de las muy pocas): un par de tijeras infantiles. Pida al pequeño que corte las raíces que sobresalen del fondo, que afloje el cepellón muy ligeramente, que remoje las raíces en un cubo de agua tibia durante un minuto y que plante la plantita en el agujero. Debe apretar el suelo alrededor del trasplante (no demasiado; debe quedar relativamente suelto) y regar las nuevas plantas. Deje que sus pequeñas manos hagan una ligera depresión en forma de plato alrededor del nuevo trasplante para que, cuando lo riegue, el agua llegue a las raíces sedientas. ¿Verdad que ha sido fácil?

Una planta con las raíces en ovillo ha estado en la maceta demasiado tiempo. Hay que aflojar las raíces antes de pasar la planta de la maceta al suelo; de lo contrario, no podrán extenderse.

Cómo preparar una planta con las raíces en ovillo

1. Saque la planta del recipiente con cuidado.

2. Recorte las raíces que sobresalen del fondo con unas tijeras.

Actividad en el huerto

¿Qué le parece cultivar sus propias plántulas para trasplantarlas más tarde? Es fácil y divertido, y ofrece al pequeño horticultor la oportunidad de hacer algo antes de poder salir a realizar actividades en el huerto. Comience con un pequeño bol de plástico. (Puede enseñarle el valor del reciclaje pidiéndole que reutilice un recipiente de queso crema o un bote grande de yogurt).

1. Pida al niño que agujeree el fondo del recipiente con un clavo afilado y que lo llene con vermiculita. Luego debe colocar el recipiente sobre un plato y llenar el plato con agua tibia (no caliente). Ahora puede decirle que presenciará un acto de magia. La capilaridad atraerá el agua hacia los agujeros del fondo. El agua subirá contrarrestando la gravedad, créalo o no, y oscurecerá la vermiculita en la superficie.

2. El niño debe sujetar una semilla y colocarla en la superficie, y repetir la operación con la cantidad de semillas que serán necesarias para llenar todos los huecos que tendrá ese cuadrado de su huerto.

3. El niño tapa las semillas con una capa fina de vermiculita y coloca el recipiente en un lugar cálido de la cocina. El pequeño esperará con gran expectación el desarrollo de las semillas hasta que comiencen a germinar.

4. En cuanto su hijo vea los primeros brotes, pídale que traslade el recipiente a un alféizar en el que reciba una gran cantidad de sol durante el día (pero que no se enfríe durante la noche; es probable que deba moverlo cada noche, como si llevara a un bebé a la cuna). Compruebe que siempre haya un poco de agua en el plato. Cuando los brotes desarrollen las primeras hojas auténticas, el niño debe sacarlos con mucho cuidado, sujetándolos por las hojas redondeadas más grandes y aflojando el área de las raíces con un lápiz. Podrá sacarlos fácilmente (suelo llamar a esta operación «sacarlos por las orejas»). Replante la plántula en una bandeja modular llena con mezcla de Mel.

5. Cuando la planta sea lo bastante grande para ser plantada en el huerto, lo primero es humedecerla. Después invierta el recipiente, golpee ligeramente el fondo y saque la planta. Afloje las raíces un poco y replántela en tierra húmeda. Proporcione sombra y protección al trasplante durante unos cuantos días, hasta que arraigue y continúe creciendo.

Diversión con el arte

La horticultura en 1 m² ofrece muchas oportunidades para la creatividad, y constantemente aparecen más. Me gusta dar a los chicos la posibilidad de vestir su cajón del huerto añadiendo marcadores para plantas en cada cuadrado. Los marcadores pueden sujetarse a una estaquilla que se clava en el cuadrado (con cuidado de no dañar las raíces de las plantas). Es probable que los **horticultores preescolares (2 a 5 años)** deban limitarse a los dibujos, pero los **aprendices principiantes (6 a 9 años)**, **medianos fantásticos (10 a 13 años)** y **adolescentes cultivadores (14 años o más)** pueden decidir si quieren hacer fotografías, utilizar letras, incluir una combinación de ambas o hacer algo totalmente único (como dibujar un Bugs Bunny en el cuadrado de las zanahorias). El truco consiste en emplear un material que resista el tiempo y la exposición al sol. Podrían utilizar la tapa de plástico de un bote grande de yogurt. ¿Serviría? ¿Por qué sí o por qué no? ¿Qué tal si piden a mamá o a papá que corten un trocito de un listón o una varita de madera (que es posible conseguir regalada en el centro de bricolaje)? Podrían pintarla, imprimirla o dibujar encima. Incluso podrían escribir o dibujar sobre una piedra lisa. Quizá podrían dibujar una cara con un bocadillo que diga algo como: «Mmmmm, zanahorias». ¿No sería divertido? Pida a sus pequeños horticultores que dejen volar su imaginación y apliquen sus propias ideas para los marcadores de las plantas. A continuación veamos todas las posibilidades artísticas para decorar sus marcadores.

Dibujar con lápices de colores, ceras o rotuladores.

Pintar con acuarelas o pinturas no tóxicas de cualquier tipo. ¿Pueden usar laca de uñas? Bueno, tal vez sí, siempre y cuando no entre en contacto con la mezcla de Mel. Aquí dejo una sugerencia: los niños mayores quizá quieran investigar las pinturas caseras, como la pintura de leche.

Trazar un diseño sobre el marcador. ¿Cómo lo harían y qué tipo de trazos emplearían?

Escanear y utilizar programas de ordenador. Quizá los **medianos fantásticos (10 a 13 años)** y los **adolescentes cultivadores (14 años o más)** quieran recurrir a sus ordenadores para conseguir un diseño único. Pueden escanear y jugar con las fotografías y dibujos en el ordenador, e imprimirlos.

Hay que pedir a los chicos que piensen en diseños poco habituales. Pueden crear un marcador distinto para cada cuadrado del cajón. No hay razones para que todos sean iguales, ¿o sí? ¡Hay que imaginar todas las posibilidades!

Puede decorar los palitos para mezclar pintura de la tienda de bricolaje y utilizarlos como marcadores de plantas en el huerto.

Superior: Después de pintar las tapas de plástico de los yogures u otros alimentos, pueden graparse a un palito de piruleta para crear un identificador de plantas. **Izquierda:** No olvide los identificadores o etiquetas que vienen con las semillas al comprarlas. Contienen una gran cantidad de información importante para que sus hijos la lean y aprendan. Si utiliza semillas, también puede grapar el envase vacío a un palo de piruleta a modo de identificador. No obstante, no resistirá a los elementos demasiado bien.

Regar con inteligencia

Ahora retírese unos cuantos pasos y eche un vistazo al cajón de su huerto en 1 m² recién plantado. ¿No es hermoso? Estas plantas necesitan ciertos cuidados para crecer grandes y fuertes y para producir frutas y hortalizas deliciosas. Por suerte, el cuidado de los cuadrados requiere muy poco trabajo. Pero todas esas plantas necesitan mucha agua para no secarse. En especial cuando son más jóvenes.

Ha de comentar esto con el joven horticultor. ¿Puede emplear una manguera? Podría, pero supone un gran trabajo desenrollar la manguera y llevarla hasta el cajón cada vez que lo debe regar. Y el agua que sale de la manguera puede salir con demasiada fuerza y resulta difícil controlar hacia dónde va. Además, suele estar demasiado fría para las pequeñas y tiernas plantitas. Un aspersor dirigiría el agua hacia donde no se la necesita y se la desperdiciaría en el jardín circundante, cosa que no debemos llegar a tolerar.

Lo ideal es mantener un cubo lleno de agua al lado del cajón. Coloque un vaso pequeño de plástico en el cubo y siempre tendrá el agua a mano cuando la necesite. El sol calentará el agua y los niños podrán dar a sus plantas un sorbo de agua justo en las raíces. Si su hijo cava una pequeña depresión redonda alrededor del tallo de la planta cuando la plante, comprobará sus ventajas en el momento de regarla. Esta forma de riego es parte de todo el sistema de horticultura en 1 m², en el cual todas las piezas encajan como un puzle para integrarse en un huerto de aspecto perfecto y muy eficiente, con menos trabajo ¡y más diversión!

Como cualquier ser vivo, una planta joven necesita un buen sorbo de agua regularmente para desarrollarse.

Mantenga un cubo con agua con un vaso de plástico junto a su cajón para regar las plantas cuando lo necesiten.

Regar las plantas de esta manera requiere muy poco trabajo. La mayoría de los niños lo encuentran divertido. Lo denomino «alimentar» a las plantas, acercándonos a ellas. Y, como premio especial, cuando cosechen una fresa o extraigan un rabanito, ¡pueden lavarlo en el agua y ¡comérselo en el acto! ¡Más fresco, imposible!

Si resulta que tiene un grupo de huertos en 1 m², le aconsejo adjudicar un cubo a cada cajón, para asegurarse de que ninguna planta pase sed.

· ·

Inferior: Vierta pequeñas cantidades de agua del cubo en la base de cada planta. Esta es la manera más eficiente de mantener el huerto bien regado. **Superior:** Este es un consejo maravilloso. Ya cuenta con un cubo perfecto de agua justo junto a su cajón. ¿Qué tiene que hacer si sus manos se ensucian? Lavarlas en el cubo. Verifique que no haya nada más que tierra en las manos (la mezcla de Mel vale), lávelas y enjuáguelas. La tierra se asentará en el fondo del cubo y no tendrá que limpiarlo con mucha frecuencia. Y a las plantas les gusta la tierra.

· ·

Sin mantenimiento significa sin mantenimiento

Los niños estarán encantados de saber que regar es la única actividad necesaria para que su huerto en 1 m² crezca con fuerza.

«¿Desherbar? ¿Qué malas hierbas? Chicos, ¿veis alguna mala hierba?». «No, no hay ninguna». Eso es porque controló la tierra. ¿Recuerda cómo preparó la mezcla de Mel con precisión para dar a las plantas exactamente lo que necesitaban? Pues bien, no incluyó ninguna semilla de mala hierba, ¿o sí? Así que sería muy extraño que una mala hierba creciera en un huerto. Y, si lo hace, simplemente se la arranca de raíz. Esto resulta fácil porque la mezcla de Mel no se compacta y queda *friable* cuando no se pisa.

¿Y qué hacen los niños en todo ese tiempo libre? Supongo que tendrán que emplearlo en disfrutar de su huerto en 1 m² inventando juegos alrededor del mismo.

Querido diario de horticultura

Es el momento de hacer una nueva anotación en el diario. Cuando su pequeño horticultor haya terminado de plantar todo el cajón, debería dibujar una tabla con todas las plantas en sus cuadrados. Ayude a los más pequeños a dibujar un cajón con sus cuadrados, y ellos pueden pegar fotografías de lo que han plantado en cada uno. Después de la cosecha, los jóvenes pueden consultar esta tabla para comprobar lo que funcionó bien y lo que podrían cambiar la próxima vez. Esta también es la ocasión adecuada para recordarles que deben añadir un puñado de su mejor compost casero (espero) a cada cuadrado. Pueden replantar ese cuadrado con una hortaliza distinta (consulte el capítulo 6 para averiguar por qué y cómo) según el clima y la época del año. También es un buen momento para listar su elección de vegetales para la próxima temporada y, más importante, lo que no van a volver a plantar. Pueden comparar los cultivos resistentes al frío con los que sufren con las heladas, o los de raíz con los de hoja o de fruto. Es simple y natural. Para animarlos a entender la siembra en sucesión y la rotación de cultivos, explíqueles que la madre naturaleza hace exactamente lo mismo. No hace crecer los tomates (una cosecha de fruto y sensible a las heladas) cuando se acerca el invierno.

· ·

Página siguiente: Ahora su huerto comienza a tomar forma. Al cultivar una mezcla de plantas a partir de semillas o plántulas, como estas caléndulas y plantas de semilla, se obtiene una gratificación instantánea y a la vez se alienta la anticipación.

· ·

Algunas plantas necesitan un poco de ayuda. El girasol de la izquierda penderá y se doblará si se lo deja solo. Pero, si se le pone un tutor, tendrá la fuerza necesaria para crecer feliz.

Soporte y protección

Algunas de las plantas favoritas de los niños suelen necesitar un poco de ayuda para mantenerse erguidas, en especial si se desarrollan antes de tiempo o si su residencia se encuentra expuesta al viento. Quiere ser amigo de sus plantas, y los amigos se ayudan entre sí, ¿verdad? Así que debería dar un poco de soporte a las plantas más altas y larguiruchas de su huerto.

Puede hacerlo colocando tutores de la manera más sencilla: añada una caña o palo junto a cada planta y átelos entre sí para que la planta se sostenga. Pero esto requiere mucho trabajo y, además, si la planta crece demasiado, antes de ponerle el tutor y atarla, es posible que un vendaval o una tormenta la derriben cuando menos se lo espera.

Así que es mejor emplear una red horizontal, de manera que cualquier planta con una altura superior a los 30 cm crezca a través de la red y quede sujeta. Todo lo que necesita es colocar una estaca en cada esquina del cajón. Ate la malla horizontal de red a las 4 estacas. Esta red tiene grandes aberturas cuadradas de 15 cm de lado. ¡Se ha dado cuenta de que también es una forma cuadrada! ¡Qué casualidad! Y ya no hace falta atar cada planta. Conforme las plantas crezcan a través de la red, quedarán sujetas. Yo hago esto para plantas como los girasoles, el maíz dulce y las dalias gigantes. Instalo estacas más altas en cada esquina y añado una nueva red cada 30 cm de altura. Las estacas y las redes se pueden volver a reutilizar.

Otros tipos de soporte

Un soporte en trípode constituye un diseño clásico que puede usarse en cualquier sitio, incluyendo un huerto en 1 m². Hay muchas maneras de unir las 3 patas en la punta. En este caso, se ha empleado una armella, pero puede usar alambre. A menos que su trípode sea pequeño, las bases deberán reposar en los espacios vecinos a la cuadrícula.

Superior: Esta espaldera está diseñada para un cajón de un huerto en 1 m². Verá la manera de construirla en las páginas siguientes. **Inferior izquierda:** Una espaldera con cañas de bambú enlazadas tiene un aspecto exótico y es fácil de adaptar a su cajón. Utilice cordel encerado para atar las cañas entre sí.
Inferior derecha: Una espaldera construida a partir de palos combados es un proyecto divertido y vestirá cualquier cajón en el que se coloque. Para obtener los mejores resultados, dóblelos mientras estén verdes (recién cortados). Pero tenga cuidado, no sea que arraiguen en su huerto.

CONSTRUYA EL SUYO:
Espaldera horizontal con red

La construcción de una espaldera horizontal con red es una actividad divertida y mantendrá a los niños ocupados e interesados, además de desarrollar sus habilidades de medición y construcción. Como es necesario el uso de herramientas, sugiero la supervisión de un adulto.

1. En primer lugar, necesita una red de nailon. No utilice plástico, porque puede cortar las plantas. La red de nailon es suave y agradable, y no daña las plantas cuando entra en contacto con ellas mientras crecen y se mueven. Puede encontrar este tipo de red en los viveros y en las secciones de jardinería de los grandes centros de bricolaje, e incluso en internet. Lo primero es calcular cuánta necesita. ¿Cómo hacerlo? Cierto, ha de medir el área que quiere cubrir. Por suerte, en este caso, ya conoce la respuesta: será del mismo tamaño que el cajón. Así que necesita un cuadrado de red de 1 × 1 m. (También puede colocar la red justo encima de las cuadrículas en las cuales crecen las plantas altas; pero, para sus propósitos, es mejor colocarla sobre todo el cajón). Si la malla no se vende en el tamaño que necesita, tendrá que comprar la de la talla siguiente y cortarla.

2. A continuación utilice sus fiables tijeras para cortar la red de manera que se ajuste al cajón. Puede extenderla al lado del cajón y cortar a lo largo de la línea de la fila exterior para conseguir el trozo de red adecuado al cajón.

Superior: Coloque una red de nailon a unos 45-60 cm del cajón para proporcionar a sus plantas más altas un soporte que puedan compartir. **Inferior:** Todos los elementos que necesitará para construir esta espaldera horizontal: la red de nailon y unos trozos de 1,2 m de conducto eléctrico de 12-16 mm de diámetro. También serán de utilidad unas cuantas bridas. En cuanto a las herramientas, necesitará las tijeras y un mazo para clavar los conductos en el suelo, y una sierra si quiere cortar los conductos a la medida exacta.

Una vez que ha clavado el poste en cada esquina y ha cortado y extendido la red para ajustarla, fíjela a los postes a unos 45-60 cm de la superficie del cajón. Un consejo: utilice bridas de nailon para evitar que la red se resbale por los postes.

3. Sujete la red horizontal con el conducto metálico. Estos se suelen vender en longitudes de 3 o 4 m en los centros de bricolaje. Otra posibilidad son los postes de madera de 25 mm × 2 m que se hallan en la sección de madera. Cualquiera de estas opciones puede clavarse directamente en el suelo en las esquinas del cajón.

4. La red se extiende entre las 4 esquinas y se ata al poste. Debe colocarse una red al menos 30 cm por encima de la superficie de la mezcla de Mel y otra a unos 60 cm o 1 m por encima, para sujetar las plantas cuando comiencen a ser pesadas. Por supuesto, si su joven horticultor tiene una idea mejor, deje que la pruebe.

Los humanos no somos la única especie que disfruta de una comida a base de deliciosos vegetales. Según la zona en la que viva, puede ser una buena idea construir una valla protectora alrededor de su huerto para que los conejos y los ciervos no alcancen su cosecha antes que usted.

Proteger el huerto

Esta es una palabra que cualquier horticultor debe conocer: *depredador*. ¿Alguien sabe lo que significa? Hay que buscarla en un diccionario o en internet. Encontrará que la palabra proviene del latín *praeda*, que significa «saquear». ¿Y qué significa *saquear*? Pues significa «robar». Esto quiere decir que los depredadores del huerto roban a las plantas sus hojas, sus frutos y otras partes. Y eso hay que evitarlo, ¿verdad?

Debe proteger el huerto en 1 m² de los depredadores hambrientos.

Por suerte, la mayoría de las plagas que viven en la tierra no molestarán a su huerto en 1 m². Al preparar su propia tierra, se aseguró de que no hubiera insectos ni enfermedades que esperaran en la tierra a que sus plantas comenzaran a crecer. Además, se lo puso difícil a los insectos, ya que sembró distintas plantas en cada cuadrado, para que no tengan mucha comida de su tipo preferido. Esto se conoce como siembra selectiva, y es una de las muchas ventajas de la horticultura en 1 m². Por lo tanto, la lucha contra las plagas suele reducirse a deshacerse de algún depredador ocasional de una hoja o un tallo.

Pero los animales de mayor tamaño sí pueden ser un problema. Les encantan los huertos en 1 m². Pregunte a los niños qué tipo de animales querrían merendarse su huerto. «¿Qué tal un oso? ¿Los osos pueden suponer un problema?». Probablemente no, a menos que viva en lo más profundo del bosque. «¿Y los tigres?». «¿No? ¿Por qué no? ¿Por el lugar en el que viven los tigres?». Averigüen dónde viven, para asegurarse de que no se encontrarán con alguno en el barrio. En la biblioteca puede encontrar libros sobre los tigres para niños pequeños y mayores. O pueden investigar en la red.

¿Cómo dice?

Cada vez que hable sobre las plagas que pueden suponer un problema para su huerto, encontrará más vocabulario sobre horticultura en 1 m². Como la palabra que describe el lugar en el que se encuentran los animales y donde les gusta vivir. Es importante para saber de qué animales ha de defender su huerto en 1 m². ¿Conoce la palabra? Se trata de *hábitat*. El hábitat es el lugar en el que suele vivir un animal. La mayoría de los animales no pueden sobrevivir fuera de su propio hábitat. Es el motivo por el que no hay que preocuparse por una invasión de tigres en el huerto.

Pero hay otra razón por la que los tigres no invaden los huertos. «¿Puedes adivinarla? ¡Porque los tigres son *carnívoros*! ¿Qué crees que significa esta palabra? Proviene de dos palabras latinas, *carni*, que significa «carne», y *vorus*, que significa «comer». ¿Ahora sabes lo que es un carnívoro?». «¡Correcto! Es un animal que come la carne de otros animales. No cultivamos animales en nuestro huerto, así que no hemos de preocuparnos por los carnívoros. ¿O sí?».

«Apuesto a que hay una palabra para los animales de los que sí nos hemos de preocupar». «¡Perfecto! Se trata de *herbívoro*. Un herbívoro es un animal que come plantas. Resulta conveniente vigilar a los herbívoros, porque hay un montón de plantas deliciosas en un huerto. Pero no solo nos hemos de preocupar por los herbívoros. ¿Os habéis dado cuenta de que algunos animales comen tanto plantas como animales? Y uno de estos animales vive en tu habitación. Eres tú. La mayoría de los seres humanos son *omnívoros*, o animales que comen tanto plantas como animales». Seguramente hay un montón de palabras en las que pueden pensar cuando se planteen proteger su huerto.

Superior: Un tigre es un carnívoro, lo que significa que solo come carne. Así que, incluso si pudieran vivir alejados de la jungla, no habría que preocuparse de que invadieran los huertos. **Inferior:** Los ciervos son herbívoros, por lo tanto comen vegetales. Son tan comunes como los ratones en muchos lugares. Les encantaría una invitación a su huerto para una buena merienda.

Ahora saben que no han de preocuparse por los osos ni los tigres, pero ¿de qué animales han de proteger su huerto en 1 m²? «¿De los ciervos?. Tienes razón, es correcto. Los ciervos se comen cualquier cosa que crezca en un huerto». «¿Roedores? Sí, también les gustan las hortalizas y las frutas de huerto. De hecho, se comen casi todo. ¡Incluso la basura!». «¿Y los pájaros? Son bonitos y cantan muy bien, pero les encanta lo que cultivas en tu cajón de horticultura en 1 m², incluso el maíz y las fresas». «¿Las ardillas? Les gustan algunas cosas, pero no suelen ser un problema para las hortalizas». «¿Y los animales que viven bajo tierra, como los topos? ¿No? Tienes razón. A los cavadores les gusta quedarse bajo la superficie, así que no se tomarán la molestia de subir a un cajón elevado, sobre todo porque hemos colocado una malla geotextil (o un fondo sólido, si tu cajón es portátil) para bloquearlos».

¿Y los conejos, tejones y zorros? Depende de lo cerca que esté tu casa de su hábitat. ¿Y los animales domésticos? ¿A los perros les gusta escarbar la tierra? ¿Y los gatos, que suelen creer que el huerto es como su cajón de arena? Creo que también tendría que vigilar a sus mascotas.

. . . .

Los ciervos creerán que las hortalizas de tu huerto son una deliciosa comida.

. . . .

CONSTRUYA EL SUYO:
Jaula de malla

La construcción de una jaula de malla es fácil, pero requiere de una psicomotricidad fina que pueden no haber alcanzado los **horticultores preescolares (2 a 5 años)** y los **aprendices principiantes (6 a 9 años)**. Le sugiero que intente implicarse lo más posible y hablarles durante todo el proceso para que comprendan cómo construir esta jaula de malla. Los niños mayores podrán participar más directamente en la construcción. Es posible que algunos **adolescentes cultivadores (14 años o más)** puedan hacerlo ellos solos, lo que les proporcionará una fuerte sensación de independencia. Este es el proceso a seguir.

Esta jaula está adaptada a un cajón de 1,2 × 1,2 m, pero se fabrica igual para un cajón estándar.

1. Reúna los materiales. Necesitará 4 tablones de 25 × 50 mm de ancho × 1 m de largo (esta es una buena ocasión para practicar las habilidades de medición de los niños, y los mayores pueden cortar los tablones con una sierra), un rollo de enrejado para gallinero con aberturas de 25 mm, bridas de plástico, tenazas para cortar alambre, un taladro sin cable, clavos, una grapadora, grapas, guantes de trabajo y 8 tirafondos (o tornillos autorroscantes).

Continúa en la página siguiente

Necesita algo que evite que los animales accedan a las plantas. Las plantas requieren una gran cantidad de aire y luz solar, y el horticultor debe poder acceder a las plantas para regarlas. Así que necesita algo que se pueda poner y quitar cuando haga falta, que permita que la luz y el aire lleguen a las plantas y que a la vez detenga a las criaturas hambrientas. ¿Qué tal una cubierta de alambre? Podría funcionar. Una cubierta de alambre es perfecta. ¡Suena a otro proyecto para el huerto en 1 m²!

2. Apile las tablas. Hágalo de la misma manera que al construir el cajón: marque los extremos y extraiga cada uno por turno para taladrar los agujeros guía de los tornillos que finalmente mantendrán la estructura unida.

3. Ensamble el marco. Únalo con 2 tornillos autorroscantes (tirafondos) en cada esquina. Solape las esquinas de la misma manera que las esquinas del cajón.

4. Extienda la malla. Debe dejar suficiente malla para los laterales, de manera que permita el crecimiento hasta la madurez de las plantas. Pregunte a los mayores cómo calcularlo. Trabaje con ellos para calcular la altura máxima de las plantas del huerto cuando alcancen la madurez, y después cómo hacer que los lados sean lo bastante altos para permitirlo. Suelen medir 1 m de altura, así que ha de cortar un trozo de 1 m de ancho por 2,5 o 3 m de largo para que suba por un lateral, cruce la parte superior y baje por el lado opuesto, en una sola pieza. Corte 2 trozos iguales.

⚠ La seguridad ante todo

Cortar la malla de gallinero es difícil. Pueden quedar puntas expuestas. Utilice siempre guantes de trabajo al manipularla. También resulta conveniente cubrir los extremos cortados con cinta de carrocero (o deje que los niños se diviertan mientras eligen una cinta aislante de colores). Si quiere mayor seguridad, pida que le corten la malla en la tienda.

Cuando los jóvenes horticultores hayan terminado la protección de sus cajones para el huerto en 1 m², habrán aprendido unas cuantas lecciones, y la más importante es la responsabilidad que supone cuidar de unos seres vivos en crecimiento. Se trata de conocimientos muy valiosos, y aún habrá más. Porque, una vez que el huerto esté protegido y se lo riegue con regularidad, crecerá como nadie puede imaginar. Eso significa que el siguiente paso es recolectar, y la cosecha siempre es motivo de alegría en el huerto y un regalo para el paladar de los pequeños horticultores.

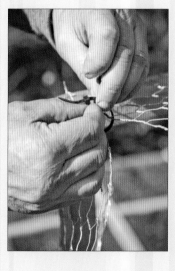

5. Coloque uno de los trozos largos de malla de gallinero sobre el suelo y cúbralo con el marco. Sujete el marco con los pies y doble la malla hacia arriba por ambos lados sobre el borde del marco formando una U. Haga lo mismo con el otro trozo.

6. Coloque una forma de U sobre la otra, en forma perpendicular. Compruebe que los bordes y las esquinas queden juntos. Cierre las costuras con bridas de plástico cada 5-10 cm.

7. Coloque la jaula terminada sobre el marco y grápela al mismo.

5 La recompensa

No hay nada que se compare con la cara de un niño cuando coge el primer tomate que ha cultivado. Está maduro y rojo, y con toda seguridad será muy jugoso, y es todo suyo. Esa alegría en estado puro es lo que convierte la cosecha en el momento favorito para todos los niños que han invertido su esfuerzo en cultivar sus propios huertos. ¡Todo el trabajo rinde su fruto (incluso si parecía más un juego que un trabajo)!

Conforme el huerto va madurando, hay muchas oportunidades de enseñar a los niños a sacar el máximo rendimiento de las plantas. También deben aprender a distinguir cuándo una fruta u hortaliza está madura y el mejor momento para cosecharla sin dañar la planta. Por supuesto, los niños mayores pueden aprender a obtener aún más provecho de sus huertos en 1 m², con la rotación de cultivos y la horticultura vertical. Así que ¡hay que aprender a aprovecharlos al máximo!

La época de la cosecha es el momento más especial del año para los horticultores. Y para los horticultores en 1 m² primerizos, la emoción de mirar y sostener los productos cultivados por ellos mismos se convierte en una experiencia maravillosa.

En marcha y creciendo, en vertical

Uno de los grandes beneficios de la horticultura en 1 m² es que solo se requiere el 20 % del espacio de un huerto tradicional en hileras. Se ahorra aún más espacio si se cultivan las plantas en vertical, trepando por un soporte, incluso las plantas que no suelen crecer hacia arriba, como las tomateras. Para comenzar, pregunte a los niños cuáles serían los beneficios de cultivar en vertical, con un soporte.

«¿Lo puedes ver mejor? Bien, esa es una ventaja. ¿Alguna más?». «Bien, llega más aire a las plantas y circula mejor a su alrededor». Cuanto más aire circule alrededor de las plantas, menos oportunidades tienen de enfermarse y menos lugares hay para que se escondan los insectos que pueden constituir una plaga. La planta que crece en vertical también recibe más sol en las hojas que la que crece en el suelo o en forma arbustiva. Y lo más importante es que las plantas tienen un espacio ilimitado para crecer. No abarrotan el cuadrado en el que crecen, porque están ocupadas escalando el soporte vertical, y evidentemente podemos hacerlo todo lo alto que queramos.

Así que el crecimiento vertical es una buena manera de cultivar algunas plantas. Y digo *algunas* plantas, porque hay otras que no pueden cultivarse en un soporte. ¿Imagina cuáles? Por supuesto, los rabanitos, las zanahorias y las patatas crecen en la tierra, así que no les iría demasiado bien un soporte, ¿no le parece? Pero muchas otras plantas lo harán de maravilla.

Ayudar a las plantas a crecer en vertical incrementa el rendimiento del huerto sin aumentar la superficie cultivada.

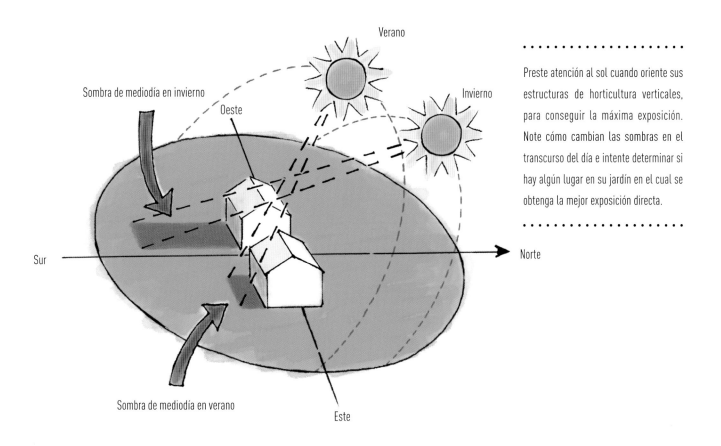

Verano

Sombra de mediodía en invierno

Oeste

Invierno

Sur

Norte

Sombra de mediodía en verano

Este

Para comenzar, piense cuál sería el mejor lugar para colocar el soporte vertical en el cajón de su huerto en 1 m². ¿Qué debe tener en cuenta? ¿La luz del sol? Pues sí. Vuelva a cuando discutieron la exposición al sol. «¿Quién sabe por dónde sale el sol cada mañana?». Los horticultores preescolares (2 a 5 años) no entienden los movimientos del sol ni la dirección, así que suelo dejarlo en que el sol sale por el mismo sitio cada día y se pone en el mismo lugar cada noche. Haga que los pequeños se pongan de pie en el huerto y orientados hacia donde sale el sol. Puede ser muy divertido, porque, si hay más de un niño, es posible que cada uno mire en una dirección distinta. Pero diríjalos hacia el este e indíqueles: «Esa es la dirección en la que sale el sol cada día». Luego gírelos hacia el oeste y dígales: «Y allí es donde se pone cada noche. ¿Recordáis el atardecer? Es cuando el sol se pone». Ayude a sus hijos a orientarse por la posición de la casa o el columpio, para que encuentren el este y el oeste incluso sin saber sus denominaciones.

Descubrimiento científico

Aquí va otra pregunta importante: si sabemos que el sol sale por el este, ¿podemos llegar a pensar que es más intenso en una dirección que en la otra? Si su hijo lleva puesto el gorro de pensar, su pequeña mano se levantará y la vocecita dirá: «Por el sur». Pero ¿cuál es el motivo?

Podemos describirlo con una linterna y una pelota de fútbol. En una habitación oscura, proyecte la linterna sobre la pelota, mientras su hijo la sujeta y la hace girar como lo hace la Tierra. Es fácil comprobar que, mientras la pelota gira, el centro más ancho de la pelota está más cerca de la luz y recibe una luz más intensa debido a ello. Así entenderá cómo el sol se relaciona con el movimiento de la Tierra. Y en consecuencia, cuando sale y se pone, el sol debe ser más intenso en la parte del sur del cielo.

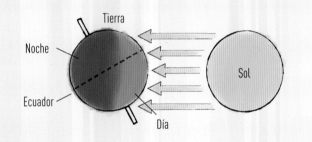

Debido a que el eje de la Tierra está ligeramente inclinado, el sol incide sobre Europa en un cierto ángulo. Por eso, la luz del sur es más intensa y los huertos con una exposición al sur se benefician de una mayor exposición a la luz del sol.

De acuerdo: esa es una gran cantidad de información útil. Pero volvamos a la cuestión original: ¿cuál es la mejor cara del cajón para el soporte vertical? No quiere que el soporte haga sombra sobre el resto del jardín, ¿verdad? Así que ha de colocarlo en la cara norte del cajón (o sobre el lado del cajón que esté frente a una pared de la casa, porque bloqueará la luz de cualquier manera). Esta es una buena manera de pensar sobre el problema. Ahora que sabe dónde colocar el soporte, constrúyalo.

Los aprendices principiantes, los medianos fantásticos e incluso los adolescentes cultivadores pueden utilizar sus estudios sobre el patrón solar en su jardín para explorar la geografía y también un poco de astronomía. Comience con un antiguo dicho: «El sol sale por el este y se pone por el oeste». ¿Siempre es cierto? ¿Sí? ¿Por qué? Si su respuesta es porque la Tierra gira sobre su eje, tienen razón. Eso significa que la Tierra gira como una pelota sobre la punta del dedo. Siempre gira en la misma dirección. ¿Significa eso que el sol siempre sale en la misma dirección? Cierto, ¡así es! Así que, ¿qué hemos aprendido? En realidad el sol no sale. La Tierra gira, y nos da la sensación de que el sol sale y se mueve cruzando el cielo.

CONSTRUYA EL SUYO:
Espaldera vertical

Experimenté durante muchos años hasta encontrar el material adecuado para el soporte vertical de un huerto en 1 m², y he trabajado estas instrucciones para que sean lo bastante sencillas para que un niño se entretenga, las siga y consiga terminarlo. Para este proyecto no empleará madera: se pudre y se astilla. Y no utilizará tubos de PVC, que se doblan. El marco debe ser muy fuerte, porque el viento y el peso de las plantas en crecimiento pueden suponer una enorme carga para el soporte. El metal constituye un marco fuerte, así que emplee lo que suele conocerse como «conductos eléctricos» (tubos de acero que los electricistas usan para pasar los cables) y varillas de hierro corrugado para mantener los conductos anclados en su sitio. Estas varillas suelen utilizarse en la construcción con hormigón y son muy resistentes. Comience con una visita al centro de bricolaje. Pida a su hijo que lleve su diario de horticultura para registrar el dinero gastado y la compra realizada.

He probado muchos tipos de espalderas a lo largo de los años, y para la horticultura vertical en un huerto en 1 m², lo que funciona mejor es una red suspendida de un marco de conductos.

1. Conseguir los materiales. Su hijo necesitará buscar dos segmentos de 1,5-2 m y uno de 1 m de conducto eléctrico de 12-16 mm, y 2 codos de 90º en la sección de electricidad. El conducto se vende en segmentos de 3 m. Puede medir y cortar el conducto con una sierra para metales o un cortador de tubo, pero la mayoría de las tiendas lo cortan a pedido. También necesitará dos trozos de 45 cm de varilla de hierro corrugado de 12-16 mm y un trozo de red de 1 × 1,5 m.

2. Ensamblar el marco de conducto. Sin ajustar los tornillos, una los codos en ambos extremos de la sección de 1 m de largo y a continuación añada las secciones restantes a cada uno de los otros extremos de los codos. Compruebe que las patas sean paralelas y apriete los tornillos de los codos sobre la sección de 1 m.

3. Clave los trozos de varilla en la tierra a unos 2 cm del cajón a ambos costados del extremo norte. Esta es una buena oportunidad para que un padre demuestre su confianza en la habilidad de su hijo para usar un mazo con cierta precisión, sujetando el trozo de varilla. Sin embargo, a veces puede tener más sentido comenzar a clavar la varilla y dejar que el chico termine el trabajo. No la clave más honda que el cajón.

5. Ahora hay que sujetar la red. En primer lugar, átela a las dos esquinas superiores (cualquiera puede realizar esta tarea, de pie sobre una escalera pequeña de peldaños). Ahora corte la red en cada conexión, dejando una hebra larga. Haga una lazada con cada hebra sobre la parte superior del marco y átela con un nudo. (Esta es una oportunidad maravillosa para enseñar a los niños a hacer nudos). Compruebe que todas las hebras tengan la misma longitud para que la red no quede torcida.

4. Deslice los extremos inferiores de las patas de la estructura sobre la parte superior de las varillas. Es posible que tenga que hacer cierto juego para ensamblarlas antes de que lleguen hasta el suelo. Ajústela si es necesario para que quede nivelada.

6. Corte las uniones a lo largo de ambos laterales y repita el proceso, atando los laterales de la red al marco. Átelos con fuerza para que queden sujetos durante años. Verifique que la red quede recta en cada hebra horizontal para que tenga un buen aspecto. Deje que el niño toque la red y explíquele que es firme y a la vez flexible, y que, mientras sujeta las plantas, les permite crecer y doblarse.

Permitir el crecimiento de las plantas

Debe realizar algunos pasos adicionales para ayudar a las plantas a crecer por una espaldera o soporte como el que acaba de construir. Es genial que los niños adquieran el hábito de pasar los ápices de las plantas a través de la red una vez por semana. Será necesario ayudar a los más pequeños con esta tarea, ya que los tallos de algunas plantas pueden ser más frágiles que otros y no conviene romper ningún tallo en crecimiento.

Hay que enseñar a los niños que algunas plantas, como las judías y los pepinos, son trepadoras naturales y subirán por la espaldera ellas solas. Otras, como las tomateras, requieren un «entrenamiento». Y hay algo más que se debe hacer cuando se cultivan algunas plantas con una espaldera vertical: el pinzado.

¿Cómo dice?

Esta es otra palabra valiosa: *pinzado*. No tiene nada que ver con unas pinzas, aunque suene parecido. El pinzado es algo que se hace con bastante frecuencia en un huerto en 1 m². Significa eliminar el crecimiento de la planta que no se desea. En ocasiones significa cortar las hojas que se amontonan junto a otras plantas. Pero la mayoría de las veces consiste en ayudar a la planta a utilizar su energía para crecer hacia arriba en lugar de hacia los laterales. Cuando se «pinza» una rama o un tallo de la planta, esta usa más energía en los otros tallos o ramas que le quedan. ¿No es una buena idea?

En la práctica de la horticultura vertical, es necesario pinzar una parte del crecimiento lateral de las plantas para que se concentren en crecer hacia arriba.

Algunas plantas prefieren el crecimiento arbustivo y crecen hacia los laterales, pero en la horticultura vertical se busca que crezcan hacia arriba, sobre el soporte. Así que, ¿cómo convencerlas de crecer hacia arriba y no hacia los lados? La mejor manera es cortando, o pinzando, las ramas o tallos que sobresalen por los lados. Una tomatera es el mejor ejemplo. Los brotes laterales de una tomatera se denominan «chupones», y se los corta para que la planta emplee su energía en crecer hacia arriba y desarrollar tomates más ricos. Pero no hay que tirar estos chupones: pueden convertirse en nuevas tomateras para regalar a los amigos o a la familia. Coloque los chupones en un vaso de agua, y cuando echen raíces estarán listos para plantar. ¡Así de fácil!

Me gusta que los niños piensen sobre el espacio que ocuparán las plantas en el soporte vertical para que una planta no domine sobre las otras. Explique a los más pequeños: «¿Os acordáis de cómo conservamos el espacio en nuestros huertos en 1 m²? Hemos de asegurarnos de que todas las plantas tengan espacio suficiente para crecer y ser felices en el soporte vertical». Proporcione a los niños una regla general. Cada planta no debe extenderse más de 30 cm de ancho sobre el soporte. Pida al niño que busque una cinta métrica para que verifique cuánto son 30 cm en la espaldera. Los niños incluso pueden marcar la red con pintura atóxica o con cinta aislante coloreada, para señalar los intervalos de 30 cm a lo ancho del soporte. (Apuesto a que incluso puede proponer un magnífico proyecto artístico para hacer este trabajo).

Como en el caso de las tomateras, también se eliminan los crecimientos laterales o chupones de los melones, pepinos o calabazas cuando suben por una espaldera. Hay que dar un poco más de espacio a la calabaza, porque sus hojas son muy grandes: necesita 60 cm.

Cosechas felices

El conocimiento del momento ideal de la cosecha brinda la oportunidad de que los niños trabajen con un calendario y entiendan mejor lo que son los meses y las estaciones. Comience con la información contenida en el paquete de las semillas. Cuando el pequeño horticultor planta su huerto por primera vez, es aconsejable anotar la «fecha de cosecha» prevista en el envase de las semillas. Pida al niño que marque en un calendario las fechas en que está previsto que los cultivos alcancen la madurez. Puede ser necesario que los horticultores preescolares y los aprendices principiantes cuenten los días. Es una buena oportunidad de recordar una antigua regla mnemotécnica para enseñar a los niños el número de días de cada mes del año:

> 30 días trae noviembre,
> con abril, junio y septiembre.
> Veintiocho tiene uno,
> y los demás, 31.

Se sorprendería de ver que incluso los niños más pequeños pueden aprenderse una rima así. Explíqueles que es una manera de recordar el número de días de cada mes, y así los sabrán todos sin tener que contar.

Los medianos fantásticos y los adolescentes cultivadores podrán calcular los días que faltan para la cosecha mucho más rápido, y en lugar de marcar un calendario físico, preferirán programar una alerta en su ordenador o en el móvil.

Cuando su hijo plante el huerto en 1 m², recuérdele que debe comprobar la época de la cosecha en el envase de las semillas. Calcule la fecha en la cual las plantas estarán maduras. Pida al niño que la marque en su calendario de crecimiento.

Es fundamental recalcar a los niños que familiarizarse con sus plantas es tan importante como marcar un calendario, porque las plantas pueden madurar más rápido o más despacio en función de las condiciones locales. Por ejemplo, si el verano en su localidad es un poco más frío o más nublado de lo normal, algunas frutas y hortalizas tardarán más tiempo en madurar. Estos son algunos detalles de mis favoritos del huerto:

- **Calabacines.** Se sabe que están maduros cuando su color es de un verde intenso y tienen unos 10 cm de longitud. Utilice las tijeras para cortar el fruto del tallo. Un niño puede dañar la planta o el fruto si tira de él. Hay que tener mucho cuidado con los calabacines: en un par de días pueden pasar del tamaño de una zanahoria menuda al de un dedo meñique.
- **Pepinos.** Es mejor cosecharlos demasiado pronto que tarde, ya que, si se los deja en la planta, se vuelven amargos. Los niños deben usar sus tijeras para cortar el pepino y procurar dejar un pequeño trozo de tallo sujeto a él.
- **Maíz dulce.** Puede ser difícil para los niños saber cuándo cosecharlo. Explíqueles que la mazorca está lista para ser cosechada cuando todos los granos están completos. Su extremo se redondea en lugar de ser apuntado. Las «barbas» de la punta comienzan a tomar un tono marrón en su unión a la mazorca. Haga que su hijo sujete el tallo con fuerza con una mano (o hágalo usted para los más pequeños) y utilice la otra mano para tirar de la mazorca hacia abajo y alejándola del tallo; debe retorcerla un poco para asegurar una rotura limpia.
- **Rabanitos.** Cualquier niño puede extraer un rabanito cuando está maduro. Lo mejor es que el joven horticultor puede lavarlo en su cubo de agua calentada al sol y comerse el rábano directamente en el huerto.

- **Zanahorias.** Nada debería fallar al extraer las zanahorias. Si es demasiado pronto, serán más pequeñas de lo normal, pero el sabor será el adecuado.
- **Lechuga de hojas.** Lo maravilloso de estas es que pueden recolectarse poco a poco, cortando algunas hojas exteriores grandes para comer una pequeña ensalada con regularidad y cierta frecuencia.
- **Coles.** Pida a su hijo que presione con suavidad la cabeza de la col para saber si está madura; debe sentirse sólida y firme al tacto. A continuación hágale cortar la col por el tallo, dejando varias hojas de gran tamaño en la planta (es probable que salgan más coles pequeñas para una cosecha tardía).
- **Pimientos.** Los pequeños horticultores se impacientan con los pimientos y quieren cosecharlos cuando aún son pequeños. Explíqueles que, si los dejan madurar y alcanzan su tamaño adulto (y adquieren la tonalidad adecuada, si ha elegido una variedad con color), su sabor será mucho más dulce. Cuando sea el momento de cosechar, pida al niño que corte el pimiento de la planta con unas tijeras.
- **Flores.** Las flores con tallos largos o cortos pueden cortarse para hacer arreglos en jarrones grandes o pequeños. Siempre es recomendable cortar las flores marchitas para que el cajón ofrezca un aspecto radiante.

Para cualquier hortaliza de raíz, el niño puede usar el dedo para excavar suavemente alrededor del tallo y atisbar el tamaño de esta. Pídale que extraiga la de mayor tamaño primero y que deje que las restantes crezcan un poco más antes de cosecharlas.

Pero espere, aún hay más

Aunque el joven horticultor de 1 m² haya recolectado todo lo que ha crecido en una cuadrícula determinada de su huerto en 1 m², eso no significa que el crecimiento haya llegado a su fin. En la horticultura en 1 m², se aprovechan las cosechas sensibles a las heladas y las resistentes a estas, para que los huertos sean lo más productivos posible.

Explique a los jóvenes horticultores que no necesitan sembrar un único cultivo. ¿Por qué? Porque cada tipo de planta crece en una determinada estación. «¿Todos saben lo que es una estación?». Me gusta que los horticultores preescolares y los aprendices principiantes preparen una tabla o hagan un dibujo artístico describiendo lo que creen que significan las estaciones. Le sorprendería la cantidad de cosas creativas que se les ocurren. Céntrese en el cambio de temperatura entre las temporadas. «¿Hace más frío en verano o en otoño?».

Los medianos fantásticos y los adolescentes cultivadores pueden preparar una tabla (aunque también pueden incluir elementos artísticos) explicando lo que saben sobre las estaciones. ¿Cuáles son las diferencias clave entre las estaciones? ¿Las estaciones son iguales en todo el país?

Pida a su hijo que prepare una ilustración con las estaciones para comentar juntos cómo el cambio estacional afecta al huerto.

La siembra en sucesión puede resumirse como «sale lo viejo, entra lo nuevo». Comente esta idea con el pequeño horticultor. Cuando haya recogido todos los rabanitos, ¿qué debe hacer? Deje reposar la tierra o siembre un cultivo de otoño, como las espinacas.

Las flores de verano se encuentran entre las más hermosas. Si su hijo se interesa por su cultivo, pruebe a planificarlas de tal manera que algunas florezcan en primavera, otras en verano y unas más en otoño. Los acianos son una preciosa elección para el verano.

Esta es una buena manera de comenzar a comentar que cada planta prefiere crecer en una época distinta del año. Estas diferencias significan que es posible sembrar un cultivo después de otro. Por ejemplo, tras los rabanitos (una cosecha de raíz de primavera, resistente a las heladas) pueden sembrarse judías verdes (una cosecha de fruto de verano, sensible a las heladas) y a continuación acelgas (una cosecha de hoja de otoño, resistente al frío). Hay muchas más, así que anime a los pequeños horticultores a investigar: a volver a sus catálogos de semillas, a buscar en la red y a visitar viveros para ver qué plantas pueden encargar para la próxima estación.

Ángulo de 90º

Extienda la cosecha

Resulta maravilloso obtener 2 o 3 cosechas de cada una de las cuadrículas del huerto en 1 m² de un niño. Pero ¿qué tal si los chicos pudieran extender el período de crecimiento hasta el invierno y quizá incluso más allá? ¿Un huerto todo el año? Vaya, creo que es una idea que emocionaría a los niños. Pregúnteles si se pueden imaginar una manera de conseguirlo.

La mayoría sugerirá transportar el cajón al interior de casa. Bien, hay que reflexionar sobre esa opción. ¿Hay sitio en la casa o el garaje para el cajón del huerto? De acuerdo. ¿Cuánto sol le dará dentro? ¿Papá y mamá estarán contentos con el cajón justo en medio de su casa?

Estoy casi seguro de que la respuesta a la última pregunta es «no». Así que será mejor buscar otra opción. Si no puede poner el cajón dentro de casa, ¡quizá pueda poner una casa en el cajón!

La idea del invernadero

Según mi experiencia, podemos considerar que un invernadero es una buena herramienta para la enseñanza de la horticultura y la ciencia a grupos de niños. La introducción podría realizarse de la siguiente manera. Pida a los niños que levanten la mano si han estado en un invernadero alguna vez en su vida. «Bien. Ahora, ¿alguien puede explicar qué es un invernadero?». «De acuerdo, vamos a explicarlo. ¿Es como una casa normal? No del todo. Un invernadero es transparente. Las paredes están hechas de vidrio o plástico. Entra la luz del sol. El aire calentado por el sol queda atrapado dentro por el vidrio o el plástico, así que el interior permanece caliente durante un período prolongado, incluso en los días fríos. Mientras brille el sol, el invernadero estará más caliente que el exterior».

Descubrimiento científico

Los científicos que estudian el medioambiente y el clima en la Tierra se denominan *climatólogos*. Vea si tiene algún climatólogo entre sus jóvenes horticultores en 1 m². Pregunte a los niños si alguna vez han escuchado hablar del *efecto invernadero*. El efecto invernadero se presenta cuando la atmósfera de la Tierra hace lo mismo que un invernadero: atrapa la luz solar y calienta el aire. Si el efecto se ve reforzado por el dióxido de carbono del aire, la Tierra se calienta cada vez más. Pida a los medianos fantásticos y a los adolescentes cultivadores que hagan como si fueran climatólogos y busquen las respuestas a algunas preguntas básicas sobre el efecto invernadero.

1. ¿Qué papel juega la contaminación, como la que producen los escapes de los automóviles, en el efecto invernadero?

2. ¿Cuál es la influencia del océano sobre el efecto invernadero? ¿Y la de los árboles y los bosques? ¿Qué tal sale parado su propio huerto en 1 m² si se lo compara con los grandes parques o los huertos sembrados en filas, en lo que concierne al empleo eficiente del espacio, del agua y el rendimiento de cultivos por superficie?

3. ¿Las edificaciones tienen influencia sobre el efecto invernadero? ¿Y las ciudades? ¿Y las granjas, bosques y parques?

4. ¿Qué les ocurre al clima y a las estaciones con el efecto invernadero?

Una parte de la radiación escapa de la atmósfera y vuelve al espacio.

Parte de la radiación rebota hacia la Tierra y la calienta.

Espacio

Atmósfera terrestre

El efecto invernadero es un principio científico que explica por qué la energía del sol entra en la atmósfera y calienta las cosas, pero no puede volver a escapar al espacio. Es el mismo motivo por el cual los invernaderos conservan el calor.

Pida a los niños que hagan un gran dibujo con sus hallazgos. El póster debería describir el funcionamiento del efecto invernadero y cómo se manifiesta.

Pero no quiere construir un nuevo invernadero, ¿verdad? Realmente no le hace falta, porque ya tiene su cajón; todo lo que debe hacer es encontrar una manera de cubrirlo con material transparente para que funcione como un invernadero. Hay un par de maneras de conseguirlo. Una es crear una especie de vidriera con soporte que cubra el cajón de su huerto en 1 m². La denomino «estructura fría».

La otra manera, mucho más simple y económica, es crear una estructura alta y ligera que sujete una lámina de plástico sobre el cajón. Le doy el nombre de «cúpula». Es muy fácil de hacer y muy común para cubrir los huertos en 1 m². Puede ser un proyecto de construcción divertido para los jóvenes horticultores, ¿no le parece?

Resulta increíble cuántos proyectos fabulosos pueden elegir los niños una vez que se familiarizan con la horticultura en 1 m². Este es uno: una cubierta en forma de cúpula que puede proteger las plantas en el cajón del huerto y funcionar como invernadero para permitir el crecimiento de las plantas cuando comience el invierno (y a lo largo del mismo).

En primer lugar hay que investigar qué es una cúpula, para poder incluir un poco de geometría en las lecciones de construcción. Se debe responder la pregunta: ¿qué es una cúpula? Incluso los niños más pequeños suelen tener cierta idea de lo que es una cúpula, y los mayores pueden buscar la definición exacta. Pero, para sus propósitos, una cúpula es una estructura redonda que se pone encima del cajón. Es más alta que ancha y se alza desde el fondo cuadrado del cajón. Lo protege de animales como los ciervos. También mantiene alejados a los insectos hambrientos.

Pero aquí viene lo interesante: si cubre la cúpula con plástico grueso transparente o translúcido, construye una es-

Convertir su cajón en un auténtico invernadero es fácil y divertido.

pecie de invernadero. El sol calienta el aire en su interior, y queda atrapado, manteniendo las plantas atemperadas incluso cuando haga frío en el exterior. ¿Y sabe lo que es aún mejor? La nieve, la lluvia o el agua nieve resbalan por las paredes de la cúpula, por lo que no se acumula peso sobre la estructura, a la vez que el suelo y las plantas del interior se mantienen al abrigo de los elementos. Una vez que las plantas hayan arraigado y el clima sea cálido, hay que guardar la cúpula hasta el otoño siguiente.

Explique a su hijo que la construcción de la cúpula para el cajón no es un proyecto muy grande. Se trata de crear una estructura simple y cubrirla con plástico. Suena bastante fácil, ¿no cree? Pues pongamos manos a la obra.

CONSTRUYA EL SUYO:
Cúpula invernadero

Los niños han de hacer una nueva excursión de compras para nuestro proyecto con mamá o papá. Y deben llevar su diario de horticultura para anotar lo que gastan y lo que compran.

1. En el centro de bricolaje, deben dirigirse al departamento de fontanería. Hay que pedir al dependiente un tubo de PVC de 12 mm, y solicitar dos trozos de 3 m. También necesitará un paquete pequeño de bridas de plástico (puede encontrarlas en el departamento de electricidad) y una hoja de plástico gruesa y transparente que mida al menos 3,5 × 3,5 m (y que sea adecuada para el uso en exteriores). Además, cuatro trozos de 45 cm de longitud de varilla de hierro corrugado de 12 mm de diámetro y cuatro trozos de 23 cm de tubo de PVC de 18 mm (opcional). Pida a sus hijos que lo ayuden a cargar y descargar el coche: es una buena tarea a la que se deben acostumbrar.

2. La mejor manera de anclar la cúpula es la siguiente. Clave un trozo de varilla de hierro corrugado en cada una de las esquinas interiores del cajón. A continuación deslice un trozo de cubierta de PVC sobre cada una. Pase un extremo de uno de los tubos de PVC de 12 mm por el interior del tubo de 18 mm de PVC. Si el niño tiene dificultad para conseguirlo, debe solicitar la ayuda del adulto. Para anclar la cúpula, con el cajón lleno de la mezcla de Mel, introduzca el extremo de un trozo de tubo en la mezcla y presiónelo hasta llegar al fondo del cajón. Cómbelo hasta la esquina opuesta e introduzca el otro extremo en la mezcla de la misma manera. El tubo de PVC de 12 mm se dobla bien y no se acoda ni se rompe. Si utiliza varillas de hierro y tubos, doble el tubo de PVC e introduzca el otro extremo en la varilla de la esquina opuesta en diagonal.

Continúa en la página siguiente

3. Construya un segundo arco cruzando el primero; sujete los extremos en cada esquina de la misma manera. Si no sujeta los tubos con varillas, es conveniente taladrar un agujero guía en el extremo de cada tubo y pasar un tornillo autorroscante para evitar que el viento se lleve la cúpula.

4. Sujete el punto de cruce entre los arcos con una brida de nailon. A veces las manos pequeñas tienen dificultades para manipular las bridas y es necesario pedir ayuda a papá o mamá o a un hermano o hermana mayor para terminar la tarea.

5. Corte un trozo de plástico lo bastante grande para cubrir toda la cúpula y un poco más sobre cada borde del cajón.

6. Cubra la cúpula con el plástico, repartiéndolo en todos los lados por igual. Será necesario doblar el plástico en las esquinas. Coloque ladrillos o piedras en la orilla del plástico para que no se lo lleve el viento. ¡Felicidades, ha construido su propia cúpula invernadero!

Historia viva

Los **medianos fantásticos** y los **adolescentes cultivadores** pueden trabajar la idea de la cúpula del cajón investigando y aprendiendo sobre arquitectura e historia. Porque la cúpula del huerto en 1 m² no es un invento nuevo. Ojalá pudiera quedarme con los derechos de la invención, pero las cúpulas ya existían hace miles de años. ¿Por qué no pedir a los horticultores más mayores que vayan a la biblioteca o investiguen en la web sobre esta forma tan fascinante? Estas son algunas de las cuestiones a tomar en cuenta:

1. ¿Cuáles son algunas de las edificaciones con cúpula más famosas?

2. ¿Cuáles crees que son las cúpulas más hermosas de la historia?

3. ¿Qué hace única a la arquitectura de las cúpulas?

4. Nombra algunos países y civilizaciones que emplearon las cúpulas en sus construcciones.

5. ¿Qué es una cúpula «geodésica» y en qué difiere de las demás?

Una vez más, la horticultura en 1 m² se convierte en una lanzadera para toda una nueva línea de investigación. ¿Se imagina todo lo que los niños pueden aprender a partir de un pequeño y sencillo huerto en el patio trasero?

La cúpula geodésica es una forma arquitectónica famosa por su simplicidad y resistencia. ¿Qué tiene en común con la cúpula del cajón? ¿En qué difiere?

Sus hortalizas no tendrán este aspecto en invierno si las ha protegido con la cúpula de las páginas anteriores. Pero ciertas hortalizas, especialmente algunas de la familia de las coles, resistirán el frío e incluso la nieve, y tendrán un sabor estupendo cuando las coseche.

La horticultura en 1 m² en invierno

¿Lechuga recién cosechada en mitad del invierno? Me encanta decir a los niños que pueden obtenerla en su huerto, porque se asombran. Abren los ojos como platos. Pero es cierto. Con la ayuda de la cúpula del cajón y algunos trucos más, su hijo puede cosechar lechuga o perejil en invierno, incluso en los climas más fríos.

Explíquele a su pequeño horticultor en 1 m² que debe asegurarse de que la tierra del cajón permanezca caliente y no se congele nunca. Así que, además de colocar la cúpula de plástico y verificar que no tenga aberturas por las que penetre el aire frío, el niño debe apilar tierra contra las caras exteriores del cajón (o puede usar balas de paja).

El paso siguiente es comprar las semillas adecuadas. Trabaje con el niño para encontrar variedades de crecimiento rápido y resistentes al frío. En muchas ocasiones el mismo nombre de la variedad ya lo pondrá sobre la pista. Por ejemplo, el adjetivo *escarchado*, acompañando al nombre de la hortaliza, ya indica que puede cultivarse en estaciones frías.

Incluso recubriéndolo con la cúpula, el cajón necesitará la mayor cantidad de sol posible. Así que planifique su traslado, si hay un lugar más soleado en el jardín durante los meses más fríos. Debe recibir todo el sol posible. Recuerde que el sol está en una posición distinta y mucho más bajo en el horizonte. Téngalo en cuenta.

Fuera de temporada

Si su hijo no cultiva hortalizas bajo la cubierta en invierno, tendrá que «poner su cajón del huerto en 1 m² a dormir». Siempre digo a los niños que cerrar el huerto en invierno es como cuando han de ir a dormir. Saben que deben cepillarse los dientes, lavarse la cara y las manos, y ponerse el pijama antes de ir a la cama. Sería un poco tonto ir a la cama con la ropa y los zapatos puestos, ¿no es así? Así que el huerto en 1 m² también tiene que «irse a la cama». No requiere mucho trabajo, pero contribuirá a que el huerto esté listo para volver a arrancar la próxima temporada de crecimiento.

En primer lugar, hay que recalcar a los niños que todo tiene que estar limpio. Todas las hojas muertas y restos de plantas deben eliminarse del cajón. Y si falta un poco de mezcla de Mel en alguna cuadrícula, hay que añadir una buena palada de compost. Pida al niño que nivele la tierra y que se asegure de que el cubo de regar, la pala y las tijeras estén limpios, secos y guardados en el cobertizo o el garaje.

Es recomendable limpiar y doblar la cuadrícula para su almacenamiento en el garaje durante el invierno. El frío y la lluvia pueden arruinar tanto la madera como el plástico. ¡Ha sido fácil!

No olvide pedir a los niños que recojan sus últimas impresiones en su diario de horticultura. Formule las siguientes preguntas:

- ¿Cuál ha sido tu parte favorita en la práctica de la horticultura en 1 m^2?
- ¿Cuáles han sido las hortalizas que más te ha gustado comer?
- ¿Cuál te gustaría cambiar para la próxima temporada?
- ¿Colocaste el cajón del huerto en el lugar correcto?
- ¿Sería mejor que lo colocaras en otro lugar el año que viene?
- ¿Sembrarás más de un cajón la próxima temporada?

Los horticultores preescolares y algunos aprendices principiantes llenarán su diario con dibujos, recortes u otras ayudas visuales para recordar lo que funcionó bien en su huerto en 1 m^2 y lo que deberían cambiar. Los medianos fantásticos y los adolescentes cultivadores pueden realizar notas más detalladas, como listas de plantas de su preferencia, decidir las que han de sustituir y lo que harán de otra manera y anotar cualquier otra idea u observación. Es un ejercicio maravilloso de escritura y proporciona a los niños la oportunidad de expresarse y aprender a escribir por el puro placer de hacerlo.

. . . .

Anime a sus jóvenes horticultores a dibujar y hacer bocetos del huerto de este año y a continuar planificando para el que viene. Es una de las mejores partes de la horticultura: dedicar el invierno a la planificación y a soñar con el próximo huerto.

. . . .

DIVERSIÓN CON EL ARTE:
El cajón de fiesta

Solo porque el niño no esté cultivando nada en el cajón durante una temporada no significa que no pueda interactuar con él. ¿Por qué no aprovechar la oportunidad de divertirse con él fuera de temporada para que la vena artística del niño continúe activa, con lo que denomino el cajón de fiesta?

Siempre me ha parecido que dejar a los niños decorar el cajón de horticultura en 1 m^2 según la estación incrementa su conexión con este y los ayuda a anticipar la próxima temporada de siembra. (Algunos niños incluso disfrutan llevando un «calendario del huerto en 1 m^2» sobre el que marcan los días que faltan para volver a sembrar el cajón para la nueva cosecha. Es una hermosa tradición, ¿no le parece?). Otra buena idea para el invierno es la colocación de alimento para pájaros en el cajón. Si tiene la espaldera vertical, puede entretejer las ramas de abeto navideñas en la red (recuerde que la red no se rompe ni se pudre) y colgar piñas llenas de mantequilla de cacahuete para los pájaros y quizá para alguna ardilla. ¡Será precioso verlo! Y no olvide tomar fotografías para compartirlas con los amigos y la familia.

Decore su huerto en 1 m^2 para las vacaciones y fiestas fuera de temporada, como Halloween.

Otras ideas decorativas estacionales

No existen razones para que los cajones del huerto en 1 m^2 sean aburridos fuera de la temporada de cultivo. Puede comenzar a mediados de otoño clavando los tallos secos del maíz (para que no se caigan) y conseguir un bonito aspecto otoñal. Añada algunas calabazas de gran tamaño. Busque algunas sábanas o manteles de colores muy vivos en un mercadillo o una tienda de segunda mano y habrá decorado su cajón para el otoño. Coloque la cubierta de alambre de gallinero y envuélvala con una sábana del color adecuado a la festividad (Pascua, Navidad e incluso Año Nuevo) y sujétela a los laterales con una cuerda elástica. De esta manera la sábana quedará tensa y ofrecerá un buen aspecto.

Puede poner luces de Navidad en el soporte vertical del huerto, pero que no sean intermitentes, porque parecería que el huerto solo funciona de forma intermitente, y no es eso lo que quiere.

¡Hay tantas cosas que sus hijos pueden hacer para celebrar las fiestas con el cajón del huerto en 1 m^2! Con la ayuda de mamá y papá, pueden colocar velitas en frascos de mermelada o instalar algunas luces de jardín de baja intensidad. No utilice los alargues de interior en el exterior, ya que no son robustos ni impermeables. Los niños pueden hacer carteles, esculturas, guirnaldas o cualquier decorado que les guste, adecuado a cada festividad. Así tendrán la oportunidad de celebrar y disfrutar las fiestas. El proyecto puede ser divertido para toda la familia, e imagínese lo orgulloso que se sentirá su hijo cuando los amigos o la familia vengan y vean el hermoso cajón del huerto decorado. Incluso puede animarse a poner su propio cajón en casa.

Al llegar a este punto, su hijo ha descubierto y explorado el maravilloso mundo de la horticultura en 1 m^2. Ha aprendido infinidad de lecciones y ha disfrutado muchas horas. Pero esto no tiene por qué terminar donde termina el jardín. Los niños pueden aprender lecciones aún más valiosas si aplican lo que han aprendido con la horticultura al mundo real y ayudan a otros a disfrutar de los beneficios y placeres del huerto en 1 m^2.

Cultivar en comunidad: más allá de la valla del jardín

Mi método del huerto en 1 m² funciona muy bien en muchos entornos comunitarios, porque cualquiera puede ponerlo en práctica y no se necesita ningún equipo especial.

Hay tantas lecciones que aprender en la horticultura en 1 m² que las escuelas constituyen un lugar especial para ella. Sus hijos pueden proponer al tutor hacer uno o más cajones en el huerto del colegio. Es una buena oportunidad para que los pequeños demuestren todo el potencial de aprendizaje que hay en un cajón. El colegio puede comenzar con un cajón por clase y ampliar el proyecto cada año.

Una actividad extraescolar podría convertirse en un auténtico club de aficionados a la horticultura en 1 m²; es una buena manera de implicar a la comunidad extensa en la educación de los niños a través del cultivo. Otros tipos de asociaciones pueden incorporar los cajones a sus actividades.

Los huertos comunitarios son espacios públicos en los cuales los niños requieren la supervisión de un adulto para trabajar. A veces un abuelo u otro miembro de la familia ya tiene uno y puede llevar a los niños consigo; quizá su interés se desarrolle al verlo. Y si no existen este tipo de iniciativas en su localidad, ¿por qué no impulsarlas?

· ·

¿Qué podría ser más divertido que un jardín comunitario de huertos en 1 m²? ¡Ofrece tantas oportunidades de aprender y enseñar!

· ·

ACTIVIDAD EN EL HUERTO: Fundar un huerto comunitario

Un grupo de adolescentes con mucha energía y la necesidad de contar con un proyecto escolar puede considerar la creación de su propio huerto comunitario. Aunque requiere tiempo y dedicación, resulta una experiencia satisfactoria y un magnífico ejemplo de trabajo en equipo. Para comenzar, los adolescentes deben confeccionar una lista de toda la ayuda posible, incluyendo a los amigos y otros horticultores en 1 m², miembros de la familia y líderes comunitarios.

1. El primer paso consiste en encontrar un terreno adecuado, ya sea público –como los terrenos del colegio, parcelas del ayuntamiento o alrededor de un centro comunitario– o propiedad privada –ligada a un centro de día, iglesia local, ayuntamiento o centro de jardinería. En cualquier emplazamiento, el huerto necesitará una fuente de agua y algún tipo de protección a su alrededor. La horticultura en 1 m² requiere un lugar abierto y soleado para permitir el crecimiento de los vegetales. No importa si la zona está pavimentada: se construyen los cajones y se los coloca sobre el suelo. En los lugares urbanos o recuperados puede preocupar el cultivo de alimentos en terrenos posiblemente contaminados, pero con los cajones del huerto no importa. Se utiliza la mezcla de Mel sobre una malla geotextil, e incluso se puede poner un fondo al cajón, si es necesario.

2. A continuación hay que encontrar al propietario del terreno y presentarle todas las ventajas e inconvenientes por escrito. Los adolescentes, con la ayuda de sus padres, tendrán que discutir con el propietario lo que pueden y no pueden hacer, y cuáles serán las reglas formales y las normas a seguir. ¿Cuánto tiempo durará el acuerdo? ¿Cómo puede renovarse? No se desea invertir muchísimo tiempo, esfuerzo y dinero en algo y luego averiguar que los dueños han decidido vender el terreno después de un año y hay que dejarlo. Por otra parte, no hay que abarcar más de lo necesario.

3. Hay que decidir cómo repartir el espacio. Cada persona que se apunte podrá instalar un número determinado de cajones. Los adolescentes también deben decidir cuánto van a cobrar. Deben verificar cuál es la tasa local anual para los huertos comunitarios. El dinero se dedicará a pagar el agua y otros servicios. Los padres o maestros pueden ayudarlos en la administración.

4. Luego se disponen los cajones de horticultura según el tamaño y la orientación del lugar, con espacio entre ellos. Podría considerarse un pasillo central de 1,2-1,5 m. A partir de este, podrían salir pasillos secundarios de 1 m de ancho. Tras nivelar el lugar, hay que marcar las parcelas con estacas y cordel. Incluso si los chicos han conseguido un área muy grande para el huerto, no es necesario que lo llenen con cajones y senderos desde un inicio.

Para un huerto comunitario, en lugar de cajones de 1 × 1 m, los de 1,2 × 1,2 m aprovechan mejor el espacio y, además, cuentan con 16 cuadrículas para compartir. Compruebe que la superficie de cada cajón se pueda dividir en cuadrados de 30 × 30 cm. Comience con un único cajón y vea cómo funciona durante el primer año.

6 Guía infantil de hortalizas y hierbas

odas las plantas que se cultivan en el huerto tienen necesidades distintas y requieren un cuidado único. Aprender a entender las plantas y a tratarlas de forma adecuada es la clave para convertirse en un horticultor de éxito. La mejor manera de aprender es estudiándolas primero y después aplicando los conocimientos sobre el terreno. Cada una de las páginas siguientes contiene la información necesaria para obtener, sembrar, cultivar y cosechar las hortalizas y hierbas más adecuadas para el huerto en 1 m² de un niño. He incluido muchas plantas con perfiles distintos. Por supuesto, es posible encontrar muchas más que estas en cualquier centro de jardinería. Para aprender más sobre el resto del reino vegetal, comience leyendo las etiquetas de las plantas y los sobres de las semillas. También puede acudir a la biblioteca y consultar libros sobre plantas. Y los catálogos de semillas, que he mencionado con frecuencia en este libro. Son un recurso divertido y útil. Además, permiten formarse una idea sobre lo que valen las cosas, lo que resulta de gran utilidad al preparar el presupuesto en el diario de horticultura.

Todo sobre la albahaca

La albahaca pertenece a la misma familia que la menta. *Sweet genovese* es una variedad de albahaca que se tritura para preparar pesto. La albahaca se emplea en la cocina italiana, y en muchos platos asiáticos. En la India se planta alrededor de los templos y se emplea en algunas ceremonias religiosas. También hay variedades de albahaca con sabor a canela, regaliz y limón. Anímese: cultive algunos tipos distintos y descubra las maravillas de esta deliciosa hierba.

ALBAHACA

INFORMACIÓN BOTÁNICA	
Altura: 20 a 45 cm	
Espaciado: planta pequeña, 4 por cuadrado; planta grande, 1 por cuadrado	
ÉPOCA DE CRECIMIENTO	
Primavera: no	
Verano: sí	
Otoño: no	
Invierno: no	

Tiempo desde la siembra hasta la cosecha o floración: 16 semanas

Conservación de las semillas: 5 años

Tiempo hasta la madurez: 4 a 6 semanas

Siembra en interior: 4 a 6 semanas antes de la última helada

Siembra en exterior: después de la última helada, cuando la tierra se haya calentado

Siembra en sucesión: 3 semanas y 6 semanas

Uno de los platos más populares con albahaca, además del pesto, se denomina *caprese*. Se sirve frío, porque no necesita cocción. Basta con recubrir una tostada (aún mejor si es de pan de barra) ligeramente con aceite de oliva virgen extra. A continuación, se añade una rebanada de tomate maduro. El tomate se cubre con una rebanada de mozarela fresca (la que tiene la forma de una pelota de tenis). Por último, se coloca una hoja grande y hermosa de albahaca encima. Es una combinación clásica de sabores que encanta a la gran mayoría.

Siembra

- Lugar: a pleno sol.
- Siembra en interior: comience la siembra en interior entre 4 y 6 semanas antes de la última helada. Las semillas germinan con rapidez.
- Trasplante: trasplante una vez que haya desaparecido el riesgo de heladas y la tierra esté caliente. La albahaca no crece en climas fríos y requiere un tiempo para recuperarse, así que es recomendable esperar hasta que el clima sea más bien veraniego.
- Siembra en exterior: siembre las semillas en su emplazamiento definitivo en la tierra caliente. Las semillas germinan en 7 o 10 días y las plantas crecen con rapidez.

Crecimiento

- Riego: manténgala bien regada.
- Mantenimiento: pince las puntas con frecuencia para estimular el crecimiento arbustivo. La cosecha continua favorece el crecimiento robusto y arbustivo. Para que la planta crezca con fuerza y tenga buen sabor, elimine los capullos de las flores en cuanto aparezcan.

Cosecha

- Cómo: pince los tallos justo encima de los nudos con hojas, donde aparecerán nuevos tallos. Para cocinar, utilice solo las hojas.
- Cuándo: coseche en cualquier momento. De hecho, cuantos más hojas y tallos pince, más crecerá la planta.

Preparación y uso

Utilice las hojas frescas en la cocina y descarte los tallos. La albahaca deshidratada no mantiene el sabor. Puede conservar las hojas no empleadas en aceite de oliva, envolverlas en film plástico y congelarlas hasta 3 meses.

Problemas

Áfidos, heladas y moho gris.

Todo sobre las judías verdes

Las judías verdes son una de las hortalizas más fáciles de cultivar. Las hay de dos tipos: arbustivas y trepadoras. Las variedades trepadoras son ideales para practicar la horticultura vertical en el huerto. Muchos horticultores piensan que las trepadoras saben mejor que las arbustivas. Estas últimas crecen más cerca del suelo; cada planta proporciona una cosecha grande de golpe y otra más pequeña unas cuantas semanas más tarde. Las judías trepadoras tardan más en crecer, pero proporcionan una cosecha continua toda la temporada. Una única planta trepadora es suficiente, mientras que para las variedades arbustivas necesita una siembra en sucesión para obtener una cosecha constante de judías.

Siembra

- Lugar: a pleno sol o en sombra parcial, en un lugar protegido.
- Siembra en interior: siembre las semillas en interior en macetas pequeñas, manténgalas a 10 o 12 °C hasta que germinen y a continuación a un mínimo de 7 °C hasta que las plantas tengan unos 15 cm de altura.
- Trasplante: atempere gradualmente y plante después de la última helada.
- Siembra en exterior: remoje las semillas durante 30 minutos para que germinen con mayor rapidez. Siembre a unos 2 o 3 cm de profundidad y riegue de inmediato. Las semillas brotan en 5 o 10 días. Para obtener una cosecha continua de judías, plante un nuevo cuadrado de una variedad o color distinto cada 2 semanas durante todo el verano.

Crecimiento

- Riego: deben regarse de forma regular. No deje que la tierra se seque, pero mantenga secas las hojas.
- Mantenimiento: elimine las malas hierbas cada semana si ve que sale alguna.

JUDÍAS VERDES

INFORMACIÓN BOTÁNICA
Altura: arbustiva: 30 a 40 cm; trepadora: 1,5 a 2 m
Espaciado: 4 o 9 por cuadrado

ÉPOCA DE CRECIMIENTO
Primavera: no
Verano: sí
Otoño: no
Invierno: no

Tiempo desde la siembra hasta la cosecha o floración: arbustiva: 8 a 10 semanas; trepadora: 16 a 20 semanas
Conservación de las semillas: 3 a 4 años
Tiempo hasta la madurez: arbustiva: 8 a 10 semanas; trepadora: 16 a 20 semanas
Siembra en interior: 4 semanas antes de la última helada
Siembra en exterior: después de la última helada de la primavera
Siembra en sucesión: las arbustivas, cada 2 semanas

Cosecha

- Cómo: la cosecha de las judías es muy emocionante. Les gusta esconderse entre las hojas y es posible que tenga alguna frente a los ojos sin verla hasta que la sorprenda. Rompa o corte el tallo sujetando la vaina. No tire de la planta mientras cosecha.
- Cuándo: recoja las vainas mientras sean pequeñas y estén tiernas. No espere a que sean demasiado grandes y que se desarrollen las semillas; la planta dejaría de producir vainas y el sabor tampoco sería el mejor.

Preparación y uso

Lávelas y refrigérelas si no las va a utilizar de inmediato. Las judías no se conservan bien, así que intente consumirlas el mismo día que las cosecha. Contienen muchas vitaminas, fibra y minerales.

Las judías tienen un buen sabor si se comen crudas cuando son muy tiernas; cuanto más pequeña sea la judía, más tierna será.

Se preparan al vapor, hervidas o salteadas, y se sirven solas con un poco de salsa, queso rallado o perejil. Las judías son una adición excelente a las sopas, estofados o platos de verduras mixtas. Los sobrantes pueden añadirse a una ensalada; incluso he oído que pueden ponerse marinadas en un bocadillo, junto con un poco de lechuga, tomate y queso. ¿A que suena bien?

Problemas

Áfidos, babosas, pájaros, conejos, mildiú, heladas y daños por frío. Suena complicado, pero vale la pena.

Todo sobre la remolacha

Las remolachas son muy fáciles de cultivar. Tanto las raíces como los tallos y hojas resultan comestibles, por eso su cultivo es tan maravilloso. Son resistentes a la mayoría de las plagas y enfermedades, así como a las heladas suaves. Puede decantarse por comer las raíces jóvenes o bien cosecharlas maduras para su posterior almacenamiento.

Siembra

- Lugar: sombra parcial o a pleno sol.
- Siembra en interior: no.
- Trasplante: no se trasplanta bien.
- Siembra en exterior: cada semilla del sobre es en realidad un grupo de 2 a 5 semillas individuales, así que obtendrá varios brotes de cada semilla plantada. Plante una semilla remojada en cada espacio a 1 cm de profundidad unas 3 semanas antes de la última helada de la primavera. Para obtener una cosecha continua, plante un nuevo cuadrado cada 3 semanas, a excepción de la época más cálida del verano. Cuando los brotes tengan 2 o 3 cm de altura, recórtelos todos salvo la planta más fuerte de cada grupo.

Crecimiento

- Riego: las plantas de la remolacha necesitan una humedad constante y uniforme.
- Mantenimiento: elimine todas las hojas dañadas, acolche si hace demasiado calor y quite las malas hierbas, si puede, cada semana.

Cosecha

- Cómo: extraiga toda la planta con el tallo más grueso. Si no está seguro del tamaño de la raíz, escarbe un poco alrededor con los dedos para destapar la parte superior y verificar el tamaño. En cuanto a los tallos, puede recortar las hojas una a una en cualquier momento, pero es recomendable no quitar más de 1 o 2 de cada planta.
- Cuándo: las raíces son más tiernas aproximadamente a la mitad de su crecimiento, así que comience a extraerlas cuando tengan el tamaño de una pelota de ping pong y continúe hasta que lleguen a su tamaño máximo. Puede usar las hojas de cualquier tamaño.

Preparación y uso

Utilice los tallos y las hojas enteros o troceados en ensaladas, o cocínelos como las espinacas. Las raíces son ricas en hierro y vitamina B. Sírvalas calientes, hervidas, al vapor u horneadas con la piel, que saltará cuando la apriete un poco (pero se teñirá las manos de rojo). Pruebe a saltearlas ralladas y sírvalas calientes, o cocínelas y sírvalas frías (ralladas, rebanadas o en dados) en ensalada o mezcladas con queso *cottage*. Las remolachas enteras y pequeñas también pueden cocinarse y servirse con salsa de naranja, aderezo de ensalada o condimentada con una cucharada de nata acidificada. Pruébelas, como alternativa, en una sopa rusa denominada *borscht* que se sirve fría o caliente.

Problemas

Babosas, caracoles, minadores de las hojas, conejos. Sufre pocas enfermedades.

REMOLACHA

INFORMACIÓN BOTÁNICA
Altura: 30 cm
Espaciado: 9 o 16 por cuadrado
ÉPOCA DE CRECIMIENTO
Primavera: sí
Verano: sí
Otoño: sí
Invierno: no

Tiempo desde la siembra hasta la cosecha o floración: 8 a 12 semanas
Conservación de las semillas: 4 a 5 años
Tiempo hasta la madurez: 8 a 12 semanas
Siembra en exterior: 3 semanas antes de la última helada de la primavera
Siembra en sucesión: cada 3 semanas

Todo sobre el brócoli

El brócoli (el tipo verde, también conocido como calabrés) requiere un clima frío, aunque es ideal para un huerto en 1 m². Es muy resistente a las heladas y crece bien en primavera y otoño; no crece tanto con el calor del verano. A la mayoría de los niños no les gusta el brócoli, pero a los adultos les encanta. Es una de aquellas verduras con un «sabor adquirido», así que, incluso si no le gustó en alguna ocasión, conviene ir probando pequeñas porciones de vez en cuando. Valdrá la pena.

BRÓCOLI

INFORMACIÓN BOTÁNICA
Altura: 45 a 60 cm
Espaciado:
1 por cuadrado
ÉPOCA DE CRECIMIENTO
Primavera: sí
Verano: sí
Otoño: sí
Invierno: no

Tiempo desde la siembra hasta la cosecha o floración:
12 a 16 semanas
Conservación de las semillas: 5 a 6 años
Tiempo hasta la madurez: 12 a 16 semanas
Siembra en interior: 12 semanas antes de la última helada de la primavera
Siembra en exterior: 5 semanas antes de la última helada de la primavera

Siembra

- Lugar: necesita pleno sol y un lugar protegido.
- Siembra en interior: plante de 5 a 10 semillas en un vaso con vermiculita, o coloque semillas a 6 mm de profundidad en bandejas modulares llenas de compost multiusos, unas 12 semanas antes de la última helada de la primavera. Las semillas germinarán en el interior en 5 o 10 días a 10 °C. Manténgalas protegidas hasta que germinen; exponga a la luz solar en cuanto aparezcan los primeros brotes.
- Trasplante: plante en exterior unas 5 semanas antes de la última helada de la primavera.
- Siembra en exterior: no resulta satisfactoria, ya que la temporada es demasiado corta para una planta de crecimiento lento. Pero puede comprar plantas jóvenes.

Crecimiento

- Riego: como todas las coles (también conocidas como *Brassica*), sus hojas y flores requieren una humedad constante. No deje que el brócoli se seque o marchite.
- Mantenimiento: elimine las malas hierbas cada semana; acolche en climas cálidos.

Cosecha

- Cómo: corte la cabeza central por la base con un cuchillo afilado y serrado, dejando la mayor cantidad posible de hojas en la planta. En unas cuantas semanas, aparecerán nuevos brotes laterales (cabezas en miniatura) que se desarrollarán a partir de la planta original para proporcionarle una segunda cosecha.
- Cuándo: coseche en cuanto la cabeza esté llena y compacta. En realidad se trata de una cabeza floral que se cosecha antes de que se abran los capullos. Si tiene varias plantas, no espere demasiado para cortar la primera una vez que se hayan formado las cabezas, incluso si le parece pequeña. También es comestible.

Preparación y uso

El brócoli contiene vitaminas A, B y C, así como calcio, fósforo y hierro. Lávelo bajo el agua corriente y remójelo en agua salada fría durante 2 horas si existe la posibilidad de encontrar pequeñas orugas. Refrigérelo si no lo emplea de inmediato. El brócoli puede consumirse fresco y crudo con mayonesa o cualquier otra salsa, o cortado en una ensalada. Puede cocinarlo al vapor, hervido o salteado. Pruébelo solo con un poco de aderezo, nata acidificada, una salsa de queso o zumo de limón. Es una adición excelente a cualquier plato salteado; incorpórelo a una mezcla de carnes y verduras.

Problemas

Mariposa blanca de la col, áfidos y hernia de la col.

Todo sobre la col

La col es una hortaliza que se presenta en una gran variedad de formas, tamaños, colores y texturas, y posee la ventaja de que puede cultivarse desde inicios hasta finales de la temporada hortícola; la variedad temprana es más pequeña y de crecimiento más rápido, mientras que las variedades tardías o de temporada larga suelen ser más grandes. Todas las variedades se desarrollan mejor en primaveras frías o en otoño, aunque la col de verano también es fácil de cultivar en espacios reducidos.

COL

INFORMACIÓN BOTÁNICA
Altura: 30 a 45 cm
Espaciado: 1 por cuadrado
ÉPOCA DE CRECIMIENTO
Primavera: sí
Verano: sí
Otoño: sí
Invierno: no

Tiempo desde la siembra hasta la cosecha o floración: 16 a 18 semanas
Conservación de las semillas: 5 a 6 años
Tiempo hasta la madurez: 16 a 18 semanas
Siembra en interior: 8 a 12 semanas antes de la última helada de la primavera
Siembra en exterior: 4 semanas antes de la última helada de la primavera

Siembra

- **Lugar:** a pleno sol.
- **Siembra en interior:** plante semillas a 6 mm de profundidad en compost multiusos en bandejas modulares 12 semanas antes de la última helada de la primavera. Las semillas suelen germinar en 5 u 8 días. Para una segunda cosecha otoñal, repita el proceso a finales de primavera (o 16 semanas antes de la primera helada del otoño). En la mayoría de los lugares se pueden sembrar nuevas semillas en cuanto se recoge la cosecha de primavera. Manténgalas en un lugar cálido (20 °C) hasta que hayan germinado; luego trasplántelas a pleno sol en cuanto aparezcan los primeros brotes.
- **Trasplante:** no deje que las plantitas crezcan demasiado antes de sacarlas al exterior. Las plantas tardías no forman buenas cabezas y suelen florecer el primer año si crecen demasiado.
- **Siembra en exterior:** la temporada es demasiado corta para plantar las semillas directamente en el huerto para una cosecha de primavera, y comenzar la cosecha de otoño a partir de semillas en el exterior comprometería un espacio del huerto demasiado valioso que puede emplearse de otra manera más productiva. Siembre las semillas en macetas individuales para trasplantarlas después al huerto. También puede comprar las plantitas.

Crecimiento

- **Riego:** la col necesita una gran cantidad de agua para crecer bien. Pero, una vez formada la cabeza y mientras se desarrolla hasta su tamaño final, reduzca el riego o crecerá demasiado y se abrirá.
- **Mantenimiento:** deshierbe cada semana; elimine todas las hojas inferiores de gran tamaño que amarilleen. Si las hojas inferiores de gran tamaño se extienden hacia otros cuadrados, recorte las porciones que «crucen la línea». Esto no daña a la planta.

Cosecha

- **Cómo:** corte toda la cabeza con un cuchillo afilado y serrado o con unas tijeras de podar.
- **Cuándo:** en cuanto la cabeza comience a desarrollarse y se sienta firme al tacto. Si tiene varias plantas, no espere a que todas las cabezas hayan crecido. Pueden abrirse en un clima cálido y producir semillas, con lo que perdería toda la cosecha.

Preparación y uso

La col es deliciosa hervida o cruda, y contiene una gran cantidad de vitamina C. Puede rallarla para hacer ensalada, chucrut o un plato coreano que se llama *kimchi*.

Problemas

Babosas, caracoles, pájaros, áfidos y mariposas blancas de la col (sus orugas son su peor enemigo).

Todo sobre la zanahoria

Las zanahorias están emparentadas con una flor silvestre denominada encaje de la reina Ana. Las semillas son tan pequeñas que su siembra puede ser tediosa; practique dejando caer una pizca (2 o 3 semillas) en una hoja de papel hasta que lo haga con facilidad. Las zanahorias pueden tener una forma alargada y delgada, o bien corta y gruesa; elija la variedad que mejor se adapte a su huerto. Para los niños no hay nada más emocionante (e incluyo para los niños de mi edad) que extraer de la tierra una zanahoria plantada hace unos meses. Es como ir a pescar: no se conoce su tamaño hasta que se saca, pero se espera y desea que sea gigantesco.

ZANAHORIA

INFORMACIÓN BOTÁNICA
Altura: 30 cm
Espaciado: 16 por cuadrado
ÉPOCA DE CRECIMIENTO
Primavera: sí
Verano: sí
Otoño: sí
Invierno: no

Tiempo desde la siembra hasta la cosecha o floración: 10 semanas
Conservación de las semillas: 3 a 4 años
Tiempo hasta la madurez: 10 semanas
Siembra en interior: no
Siembra en exterior: 3 semanas antes de la última helada de la primavera

Siembra

- Lugar: a pleno sol, pero puede crecer en semisombra.
- Siembra en interior: no.
- Trasplante: no se trasplanta bien.
- Siembra en exterior: tarda entre 2 y 3 semanas en germinar en el exterior. Las semillas son muy pequeñas. Pruebe las semillas encapsuladas, si es necesario. Siembre 2 o 3 semillas en cada uno de los 16 espacios de un cuadrado. Riegue la tierra y proteja el cuadrado con una cajonera cubierta con una lámina de plástico. Mantenga el suelo siempre húmedo, incluso si esto supone regar en un día soleado.

Crecimiento

- Riego: las zanahorias necesitan humedad constante hasta que casi alcanzan la madurez para crecer de manera rápida y continua. Reduzca el riego en ese determinado momento del crecimiento para que no se agrieten debido a un crecimiento demasiado rápido.

- Mantenimiento: deshierbe cada semana; por lo demás, las zanahorias requieren bastante poco trabajo.

Cosecha

- Cómo: extraiga las que presenten los tallos más grandes. Si no está seguro del tamaño, excave alrededor de la planta con los dedos para comprobarlo.
- Cuándo: recójalas pronto, cuando alcancen aproximadamente la mitad de su tamaño, que es el momento en que son más dulces y tiernas.

Preparación y uso

Límpielas con un cepillo para hortalizas, pero no las pele. La mayoría de las vitaminas se encuentran en la piel o cerca de la superficie. Ricas en beta-caroteno –que el cuerpo necesita para producir vitamina A–, las zanahorias contienen muchos otros nutrientes, como las vitaminas C y K. Son deliciosas frescas y crudas: ralladas, cortadas en rodajas finas o en bastones para picar. Pueden cocinarse al vapor o hervidas. Son deliciosas servidas con un aderezo, una cucharada de nata acidificada o espolvoreadas con perejil y queso rallado. Las zanahorias son tan versátiles que incluso puede preparar un pastel con ellas.

Problemas

Mosca de la zanahoria, babosas y conejos. Casi no sufre enfermedades.

Todo sobre la acelga

La acelga se conoce por sus hojas ricas en vitaminas y sus tallos suculentos. Es una de las hortalizas más fáciles de cultivar en cualquier lugar del país y crece bien al sol o en la sombra, durante la primavera, el verano y el otoño, en una cosecha continua. Las acelgas se encuentran disponibles en variedades de tallo blanco o rojo, y también en muchos de los colores del arcoíris. Sus hojas pueden ser lisas o rizadas, como usted prefiera; ¡pruebe las dos! También está relativamente libre de plagas y enfermedades.

ACELGA

INFORMACIÓN BOTÁNICA
Altura: 30 a 45 cm
Espaciado:
4 por cuadrado

ÉPOCA DE CRECIMIENTO
Primavera: sí
Verano: sí
Otoño: sí
Invierno: sí

Tiempo desde la siembra hasta la cosecha o floración: 8 semanas
Conservación de las semillas: 4 a 5 años
Tiempo hasta la madurez: 8 semanas
Siembra en interior: 7 semanas antes de la última helada de la primavera
Siembra en exterior: 3 semanas antes de la última helada de la primavera

Siembra

- Lugar: crece mejor a pleno sol, pero puede crecer en semisombra.
- Siembra en interior: siembre 10 semillas en un vaso con vermiculita, o coloque semillas a 1 cm de profundidad en una bandeja modular con compost multiusos 7 semanas antes de la última helada de la primavera. Las semillas germinarán en 5 o 10 días a 20 °C. Cuando hayan germinado, manténgalas en un lugar cálido; atempérelas gradualmente conforme vayan apareciendo los primeros brotes.
- Trasplante: plante en el huerto 3 semanas antes de la última helada de la primavera.
- Siembra en exterior: plante las semillas remojadas a 1 cm de profundidad en cada cuadrado 3 semanas antes de la última helada de la primavera. Las semillas tardan en germinar en el exterior entre 2 y 3 semanas.

Crecimiento

- Riego: semanal o 2 veces por semana en climas cálidos. Como todas las hortalizas de hoja, la acelga necesita una gran cantidad de agua para que el crecimiento de sus hojas sea abundante.
- Mantenimiento: deshierbe cada semana; corte todas las hojas exteriores amarillas o de tamaño excesivo.

Cosecha

- Cómo: corte cada tallo exterior por la base de la planta con un cuchillo bastante afilado cuando las hojas hayan alcanzado una altura de 15 a 20 cm. Las hojas interiores más pequeñas continuarán creciendo.
- Cuándo: comience a cosechar cuando las hojas exteriores alcancen aproximadamente los 15 cm de altura (unas 8 semanas después de la siembra) y continúe cosechando las hojas exteriores (con el tallo incluido) cada semana. No debería dejar que las hojas exteriores crecieran demasiado antes de la primera cosecha.

Preparación y uso

Tanto las hojas como los tallos son comestibles; las hojas son muy ricas en vitaminas A y C, calcio y hierro. Los tallos pueden cocinarse y servirse como los espárragos; las hojas se usan frescas o cocinadas y son similares a las espinacas, aunque se caracterizan por tener un sabor más suave.

Después de la cosecha, enjuague y seque las hojas como las de lechuga o espinaca; refrigere si no las usa inmediatamente. Corte los tallos centrales y use las hojas en ensalada, o hiérvalas o cocínelas al vapor tal y como hace con las espinacas. Añada otras verduras picadas bien finas a cualquier sopa para conseguir un espectacular sabor a verdura fresca.

Problemas

Babosas y minadores de las hojas, aunque suelen estar libres de enfermedades.

Todo sobre el cebollino

Se trata de una pequeña planta, muy divertida, con los pelos de punta. Se clasifica como hierba, y sus hojas redondeadas y esbeltas son huecas y desprenden un suave aroma a cebolla al ser cortadas. Las flores de color rosa violáceo son comestibles, aparecen a finales de primavera y son un bonito adorno en una ensalada. El cebollino pertenece a la misma familia que las cebollas. Resulta curioso que esta hierba no se haya empleado con fines medicinales a lo largo de la historia. Se trata de una planta de huerto única que ha realzado el sabor de los alimentos durante siglos.

CEBOLLINO

INFORMACIÓN BOTÁNICA
Altura: 15 a 30 cm
Espaciado:
16 por cuadrado
ÉPOCA DE CRECIMIENTO
Primavera: sí
Verano: sí
Otoño: no
Invierno: no

Tiempo desde la siembra hasta la cosecha o floración:
16 semanas
Conservación de las semillas: 2 años
Tiempo hasta la madurez: 16 semanas
Siembra en interior: 10 semanas antes de la última helada
Siembra en exterior: final de la primavera
Siembra en sucesión: no es necesaria
Última siembra: no es necesaria

Siembra

- Lugar: a pleno sol o semisombra.
- Siembra en interior: siémbrelo a finales de invierno. Las semillas pueden requerir hasta 3 semanas para germinar.
- Trasplante: plante en el exterior en primavera. Aunque el cebollino es resistente al frío, resulta recomendable trasplantarlo cuando se haya superado el riesgo de heladas.
- Siembra en exterior: germina entre finales de la primavera y principios del verano.

Crecimiento

- Riego: mantenga el suelo húmedo.
- Mantenimiento: las plantas son perennes y se extienden, por lo que deben dividirse las matas cada par de años para rejuvenecer las plantas.

Cosecha

- Cómo: corte las puntas de las hojas para decorar las patatas al horno y las cremas de verdura. No corte más de una tercera parte de la planta de una vez.
- Cuándo: los cebollinos pueden cosecharse en cualquier momento una vez que las hojas nuevas han alcanzado entre 15 y 20 cm de altura. Para disfrutar de las deliciosas flores color rosa malva, no corte la planta hasta que los capullos sean visibles, y proceda a cortar a su alrededor o espere hasta que florezcan. Las flores constituyen un adorno precioso.

Preparación y uso

Corte una tercera parte de las puntas de las hojas si quiere dar a la planta un aspecto uniforme, o solo unas cuantas hojas como mucho a una tercera parte de su longitud. Añada las hojas huecas frescas a las ensaladas, salsas, sopas o mojos.

Problemas

Las puntas de las hojas pueden amarillear por falta de agua. La roya puede desfigurar las hojas.

Todo sobre el cilantro

La hoja fresca del cilantro quizá sea la hierba aromática más empleada en todo el mundo. Se usa en las cocinas de Oriente Próximo, India, el Sudeste Asiático y América del Sur. Es una planta muy bonita con un aspecto parecido al perejil. Empléelo como el perejil, pero en menor cantidad, para dar un toque único. Las semillas de cilantro son otra especia distinta. En la Antigüedad se masticaban para combatir la acidez estomacal (probablemente después de desherbar los huertos). Las semillas son dulces cuando están maduras, pero muy amargas cuando están verdes. El cilantro tiene una temporada de crecimiento muy corta, así que debe cosecharlo mientras esté tierno. Cuando las hojas comienzan a amarillear y la planta empieza a producir semillas, el sabor de las hojas se estropea.

CILANTRO

INFORMACIÓN BOTÁNICA
Altura: 30 a 45 cm
Espaciado: 16 por cuadrado
ÉPOCA DE CRECIMIENTO
Primavera: final
Verano: sí
Otoño: no
Invierno: no

Tiempo desde la siembra hasta la cosecha o floración: 5 semanas (hojas), 12 semanas (semillas)
Conservación de las semillas: n/d
Tiempo hasta la madurez: 5 a 12 semanas
Siembra en interior: no
Siembra en exterior: después de la última helada
Siembra en sucesión: a intervalos de 4 semanas hasta principios del verano para una cosecha continua
Última siembra: no es necesaria

Siembra

- Lugar: a pleno sol o semisombra.
- Siembra en interior: no.
- Trasplante: no se trasplanta bien.
- Siembra en exterior: después de la última helada.

Crecimiento

- Riego: semanal.
- Mantenimiento: proteja las plantas del viento; por lo demás, el cilantro necesita pocos cuidados aparte del riego.

Cosecha

- Cómo: corte las hojas de cilantro cuando las necesite, incluso si la planta solo tiene 15 cm de altura. Para obtener las semillas, corte la planta entera, cuélguela hasta que se seque, introduzca la cabeza floral en una bolsa de papel y sacúdala para extraer las semillas.
- Cuándo: coseche las hojas en cualquier momento una vez que la planta haya alcanzado de 15 a 20 cm. Coseche las semillas después de que la planta se marchite pero antes de que las semillas comiencen a caer. El cilantro es una planta que se autosiembra si se abandona.

Preparación y uso

Las hojas y las semillas de cilantro se utilizan para preparar curri y encurtidos. Las hojas, de sabor intenso y especiado, se añaden a ensaladas, pescados o alubias, y forman parte de muchas recetas étnicas. Los tallos también son comestibles y tienen el mismo sabor que las hojas. Algunos cocineros incluyen los tallos picados para aportar textura a las hojas, que se marchitan y aplanan cuando se exponen al calor o a líquidos ácidos. Las semillas, de sabor suave y dulce, se muelen y emplean en panadería y repostería.

Problemas

El cilantro suele estar libre de plagas y enfermedades. La planta sufre en climas húmedos y lluviosos.

Todo sobre el maíz dulce

El maíz dulce es uno de los favoritos de la mayoría de los horticultores. El sabor del que se compra en el supermercado no puede compararse con el cultivado en casa, así que muchos horticultores plantan una caja completa de 1,2 × 1,2 m solo de maíz dulce. De la mayor parte de las variedades para uso doméstico, se plantan 4 por cuadrado. Solo puede cultivarse una cosecha por temporada, porque requiere mucho tiempo para madurar y un calor intenso. El maíz dulce se presenta en muchos colores y variedades. Las tardías tienen mejor sabor que las tempranas.

MAÍZ DULCE

INFORMACIÓN BOTÁNICA
Altura: 1,5 a 2 m
Espaciado: 4 por cuadrado
ÉPOCA DE CRECIMIENTO
Primavera: no
Verano: sí
Otoño: no
Invierno: no

Tiempo desde la siembra hasta la cosecha o floración: 10 a 13 semanas
Conservación de las semillas: 1 a 2 años
Tiempo hasta la madurez: 10 a 13 semanas
Siembra en interior: no
Siembra en exterior: inmediatamente después de la última helada de la primavera
Siembra en sucesión: solo ofrece una cosecha por temporada

Siembra

- **Lugar:** a pleno sol; sitúe el maíz dulce donde no proyecte sombra sobre otros cultivos debido a su gran altura.
- **Siembra en interior:** siembre una semilla en cada recipiente de 7 cm, o en alvéolos forestales (especialmente alargados). Germina a 15 °C.
- **Trasplante:** atempere las plantas jóvenes; siembre en exterior después de las últimas heladas.
- **Siembra en exterior:** tarda entre 5 y 10 días en geminar en el exterior. Plante las semillas remojadas a 2 o 5 cm de profundidad. La siembra en exterior es vulnerable a los roedores, y en las regiones más frías las plantas pueden no madurar a tiempo, por lo que suele recomendarse el inicio de la siembra en interiores para conseguir mejores resultados.

Crecimiento

- **Riego:** semanal, con mayor frecuencia si hace mucho calor.
- **Mantenimiento:** deshierbe cada semana. Coloque una protección con malla de gallinero alrededor de los cajones cuando comiencen a formarse las mazorcas.

Cosecha

- **Cómo:** utilice las dos manos para cosechar –una para sujetar el tallo y la otra para tirar de la mazorca y separarla–, o romperá el tallo. Si no quedan más mazorcas en el tallo, es mejor cortarlo a ras de suelo. No lo arranque, porque podría dañar las raíces de las plantas vecinas.
- **Cuándo:** verifique las mazorcas cada día cuando las barbas comiencen a adquirir un color marrón y las mazorcas tengan una textura plena y estén algo abultadas. La prueba final antes de cosechar cada mazorca consiste en separar una pequeña tira de la cubierta para ver los granos. Deben estar llenos y redondeados. Para comprobar si la mazorca está lista, perfore un grano con la uña del pulgar. Si fluye un líquido lechoso, está lista; si el fluido es transparente, aún le falta.

Preparación y uso

El maíz pierde su sabor dulce muy rápido después de la cosecha, así que debe cocinarlo y consumirlo lo más pronto posible. Si no lo puede consumir de inmediato, pélelo y refrigérelo. Durante las primeras 12 horas de almacenamiento se pierde hasta un 50 % del sabor; incluso más si no se refrigera. Si cosecha más del que puede consumir, separe los granos de la mazorca y congélelos.

Problemas

El maíz dulce tiene más problemas de plagas que cualquier otro cultivo; por ejemplo, los roedores, las aves y las ardillas.

Todo sobre el pepino

El pepino es una de las plantas favoritas de todo horticultor y resulta fácil de cultivar en un clima cálido. Se presenta en variedades trepadoras y arbustivas, pero estas últimas requieren un gran espacio y su producción es más reducida. Utilice el método vertical para cultivar sus pepinos trepadores. Hay muchas variedades, con diversas formas, tamaños y usos; unos se pueden encurtir y otros se sirven crudos. Las variedades para encurtir se cosechan mucho antes, cuando los pepinos son pequeños –del tamaño adecuado para el frasco de conserva–, pero también pueden comerse crudos. Las variedades para ensalada se cosechan cuando los frutos alcanzan un mayor tamaño, pero ahora existen variedades pequeñas adecuadas incluso para el almuerzo de los niños.

Siembra

- Lugar: a pleno sol, aunque las variedades trepadoras toleran la sombra parcial. Necesitan un lugar protegido.
- Siembra en interior: tardan entre 4 y 8 días en geminar a 20 °C. Plante una semilla en cada vaso de papel o maceta pequeña llenos de compost multiusos. No olvide que los vasos de papel necesitan algunos agujeros en el fondo para asegurar el drenaje. Manténgalas en un lugar templado después de la germinación; trasplántelas a peno sol cuando aparezcan los primeros brotes.
- Trasplante: plante el vaso entero en la tierra en el lugar preparado. Si el vaso está encerado o es de cartón grueso, arranque el fondo con cuidado, evitando tocar las raíces. Si emplea macetas convencionales, saque las plantas con cuidado de no dañar las raíces o los tallos.
- Siembra en exterior: tarda entre 5 y 10 días en germinar; coloque las semillas remojadas con el espaciado correcto, encárguese de regar y mantener el suelo húmedo hasta el momento en que germinen las semillas. Puede que necesite una campana como sistema de protección.

PEPINO

INFORMACIÓN BOTÁNICA
Altura: 2 m
Espaciado: 1 o 2 por cuadrado
ÉPOCA DE CRECIMIENTO
Primavera: no
Verano: sí
Otoño: no
Invierno: no

Tiempo desde la siembra hasta la cosecha o floración: 16 semanas
Conservación de las semillas: 5 a 6 años
Tiempo hasta la madurez: 16 semanas
Siembra en exterior: 1 semana después de la última helada de la primavera

Crecimiento

- Riego: semanal; 2 veces por semana si hace mucho calor. No permita que la tierra se seque. Evite mojar las hojas, ya que propagaría cualquier enfermedad fúngica. Los pepinos tienen el mayor contenido de agua de cualquier vegetal, por lo que requieren mucha humedad para asegurar su correcto crecimiento.
- Mantenimiento: deshierbe cada semana; sujete las plantas a la espaldera.

Cosecha

- Cómo: corte (no estire) el tallo que une el fruto con la planta con unas tijeras afiladas o una podadera.
- Cuándo: coseche de forma continuada. No permita que los pepinos amarilleen o crezcan en exceso, o la planta dejará de producir. Continúe cosechando incluso si debe tirarlos al compostador por no poder consumirlos. No ponga en práctica la vieja costumbre de comerse los pepinos grandes y dejar los pequeños en la planta, porque en 1 o 2 días los pequeños habrán crecido. Agregue los grandes al compostador y cómase los pequeños.

Preparación y uso

Lávelos y frótelos con un cepillo para hortalizas. Sirva las variedades más largas y esbeltas con la piel. Pele las más gruesas antes de cortar en rodajas, rebanadas o varitas. Sírvalos frescos, rebanados en emparedados con cebolla y mayonesa, o marinados para salsa de pepinillos.

Problemas

Los ataca el mildiú, el virus del marchitamiento y el del mosaico. En épocas de mucho calor, la araña roja y la mosca blanca.

Todo sobre la berenjena

La berenjena es una planta de aspecto agradable con un fruto que se presenta en una amplia variedad de colores y formas; la mayoría produce un fruto más bien grande, con forma ovalada de color negro a púrpura. No obstante, algunas de las variedades más modernas son amarillas, marrones o blancas, además de ser más pequeñas y redondeadas. La berenjena produce una cosecha muy grande y se puede cocinar de muchas maneras distintas. Se cultiva con facilidad, pero tarda en madurar. Por ello se recomienda el inicio en interior a principios de la primavera o comprar las plantitas en el vivero.

Siembra

- Lugar: a pleno sol y mucho calor; elija la zona soleada más protegida para las berenjenas.
- Siembra en interior: germina en 12 días a 20 °C. Debe sembrarla a principios del año, así que suele resultar más económico comprar las plantitas en primavera. Espolvoree entre 5 y 10 semillas a 6 mm de profundidad en un vaso lleno con vermiculita 14 semanas antes de la última helada de la primavera. Manténgalas templadas; trasládelas al exterior en cuanto aparezcan los primeros brotes. Coloque las plantas en bandejas en cuanto sean lo bastante grandes (entre 1 y 3 semanas más tarde).
- Trasplante: plante en el huerto 2 semanas después de la última helada de la primavera; manipule las raíces lo menos posible. La berenjena es muy vulnerable a las bajas temperaturas. Si hace frío, utilice una cubierta de plástico transparente para proporcionarle una atmósfera similar a la de un invernadero.
- Siembra en exterior: no resulta satisfactoria, ya que la temporada es demasiado corta para que los frutos pueden alcanzar la madurez.

BERENJENA

INFORMACIÓN BOTÁNICA
Altura: 60 a 75 cm
Espaciado:
1 por cuadrado
ÉPOCA DE CRECIMIENTO
Primavera: no
Verano: sí
Otoño: no
Invierno: no

Tiempo desde la siembra hasta la cosecha o floración: 25 semanas
Conservación de las semillas: 5 a 6 años
Tiempo hasta la madurez: 25 semanas
Siembra en interior: 14 semanas antes de la última helada de la primavera
Siembra en exterior: después de la última helada de la primavera
Siembra en sucesión: no

Crecimiento

- Riego: la berenjena necesita humedad constante, en especial cuando los frutos se forman y aumentan de tamaño.
- Mantenimiento: deshierbe cada semana; añada una capa gruesa de acolchado durante la época de calor más intenso. Proporciónele un soporte horizontal abierto con red cuando las berenjenas estén en crecimiento; las plantas lo atravesarán y quedarán sujetas sin necesidad de tutores.

Cosecha

- Cómo: corte siempre el fruto con unas tijeras de podar.
- Cuándo: resulta comestible casi desde el momento en que el fruto adquiere un color oscuro y brillante (cuando alcanza una longitud de unos 15 cm); no permita que crezcan demasiado. Si pierde el bril lo, ha sobrepasado la madurez y las semillas serán grandes y duras.

Preparación y uso

Pélelas y córtelas en rodajas o dados, y cocínelas hervidas, fritas, rehogadas u horneadas; añádalas a los estofados, o rebócelas y fríalas. Las berenjenas combinan muy bien con el tomate y la cebolla. Si no las va a utilizar enseguida, no las refrigere; consérvelas en la cocina y ¡disfrute de su aspecto! Manipúlelas con cuidado o las dañará.

Problemas

Babosas y moho gris.

Todo sobre la lechuga

La lechuga crece con bastante rapidez y en abundancia. Es aconsejable cultivarla en primavera y otoño. En verano puede ser complicado si el calor es excesivo, pero se obtienen buenos resultados si se la cultiva en sombra parcial. Hay muchos tipos de lechuga: las de cabeza más densa suelen encontrarse en las verdulerías; las variedades de hoja suelta crecen más deprisa, pero son más pequeñas; la lechuga romana tiene una textura menos densa y una superficie algo rugosa.

LECHUGA

INFORMACIÓN BOTÁNICA
Altura: 15 a 30 cm
Espaciado: 4 por cuadrado
ÉPOCA DE CRECIMIENTO
Primavera: sí
Verano: sí
Otoño: sí
Invierno: en ocasiones

Tiempo desde la siembra hasta la cosecha o floración: 7 semanas
Conservación de las semillas: 5 a 6 años
Tiempo hasta la madurez: 4 a 7 semanas
Siembra en interior: 7 semanas antes de la última helada de la primavera
Siembra en exterior: 4 semanas antes de la última helada de la primavera
Siembra en sucesión: cada 2 semanas
Última siembra: a principios del verano

Siembra

- Lugar: a pleno sol o en sombra parcial; la sombra es bienvenida si el verano es muy cálido.
- Siembra en interior: tarda entre 2 y 3 días en germinar a temperaturas de hasta 20 °C, pero con más calor la germinación es errática. Siembre entre 5 y 10 semillas de variedades distintas en vasos con vermiculita unas 7 semanas antes de la fecha prevista para la última helada. Consérvelas en un ambiente cálido hasta que germinen y trasládelas a pleno sol en cuanto aparezcan las primeras plántulas. Colóquelas en bandejas semilleras cuando las plantas adquieran el tamaño suficiente, que es entre 1 y 3 semanas.
- Trasplante: trasplante al huerto en cualquier momento antes de que alcancen la mitad de su tamaño final. Plante 1 o 2 cuadrados nuevos de lechuga en semanas alternas hasta principios del verano.
- Siembra en exterior: germina en 5 o 10 días. Las semillas germinan y crecen con rapidez en el exterior. Los trasplantes suelen florecer antes que las plantas germinadas a partir de semillas, así que es mejor plantar la cosecha de verano directamente en el huerto. Coloque 1 o 2 semillas en cada agujero; riéguelas cada día hasta que germinen.

Crecimiento

- Riego: intente no mojar las hojas para que no se propaguen enfermedades fúngicas. No riegue de noche; es mejor hacerlo por la mañana, a mediodía o a última hora de la tarde.
- Mantenimiento: no permita que crezcan malas hierbas. La lechuga tiene un sistema radicular tan pobre que no puede competir con ellas. Proporciónele una cubierta sombreada en verano.

Cosecha

- Cómo: puede ir cortando hojas externas una a una a partir del momento en que la planta alcanza la mitad de su tamaño final. Puede cortar unas cuantas sin notar apenas el efecto.
- Cuándo: coseche las variedades de hoja a las 7 semanas y las restantes a las 9 semanas, o bien vaya cortando las hojas exteriores hasta que la planta alcance la mitad de su tamaño. También puede cortar toda la planta en cualquier momento; no es necesario que alcance su tamaño final para que sea comestible.

Preparación y uso

Enjuague la lechuga bajo el chorro de agua fría, centrifúguela o séquela y consérvela en la nevera en una bolsa de plástico. Se mantiene fresca varios días. Es rica en vitaminas A y B, calcio y hierro (sobre todo las hojas exteriores de color más intenso).

Problemas

Babosas, conejos y áfidos son las plagas más destacadas. Con humedad y frío, se pueden desarrollar el mildiú y el moho gris.

Todo sobre el melón

Los melones necesitan entre 4 y 5 meses de clima cálido para crecer, todo un reto. Aunque el rendimiento no es importante, si consigue cosechar un fruto, puede considerarse muy satisfecho. Cultive los melones sobre un soporte vertical para que maduren más rápido y ahorrar espacio. Por supuesto, una de las mayores recompensas es contemplar los melones colgando a 1,5 m del suelo sobre el soporte vertical.

MELÓN (CANTALUPO)

INFORMACIÓN BOTÁNICA	
Altura: 2 m	
Espaciado: 1 cada 2 cuadrados	
ÉPOCA DE CRECIMIENTO	
Primavera: no	
Verano: sí	
Otoño: no	
Invierno: no	

Tiempo desde la siembra hasta la cosecha o floración: 7 a 20 semanas
Conservación de las semillas: 5 a 6 años
Siembra en interior: 4 a 8 semanas antes de trasplantar
Siembra en exterior: 3 semanas después de la última helada de la primavera
Siembra en sucesión: no

Siembra

- Lugar: a pleno sol, protegido; cultive sobre un soporte vertical.
- Siembra en interior: tarda entre 5 y 10 días en germinar a 15-20 °C; proporciónele todo el calor posible. Plante 2 semillas por recipiente individual de papel o cartón. Las plántulas no se trasplantan bien, así que no las inicie hasta 2 semanas antes de trasplantarlas al exterior.
- Trasplante: plante en el exterior 3 semanas después de la última helada. Entierre todo el recipiente en el suelo después de rasgar el fondo. O compre una planta joven, atempérela y plántela.
- Siembra en exterior: siembre un par de semillas prerremojadas cada 2 cuadrados. Protéjalas con una cajonera cubierta de plástico. Elimine la plántula más débil más adelante.

Crecimiento

- Riego: aplique una capa gruesa de acolchado con el calor más intenso. Reduzca el agua cuando los melones estén casi maduros para que desarrollen el dulzor. Mantenga las hojas secas para evitar las enfermedades fúngicas y el mildiú.
- Mantenimiento: deshierbe cada semana; sujete los melones en desarrollo con redes especiales; pince todos los melones nuevos cerca de los ápices durante la época de crecimiento para que la energía de la planta se concentre en la maduración de los melones de mayor tamaño en desarrollo.

Cosecha

- Cómo: retuerza el melón con una mano mientras sujeta el tallo con la otra. Si se resiste a desprenderse, no está maduro.
- Cuándo: coseche en cuanto el aroma a melón se intensifique y el dibujo de red de la corteza (si es un cantalupo) se vuelva muy prominente. El pedúnculo se desprenderá con rapidez en cuanto rote el melón. Si cada melón se sujeta con una redecilla especial, no se caerán ni rodarán por accidente al alcanzar la madurez.

Preparación y uso

Algunas personas los prefieren fríos, y otras, al natural. Córtelos por la mitad, elimine las semillas y córtelos en rodajas, o sirva toda una mitad rellena de helado, arándanos o crema pastelera. La pulpa se puede extraer con un vaciador de frutas formando bolitas, o cortar en dados para añadirla a una macedonia. Resulta excelente en el desayuno o como postre.

Problemas

Babosas, mildiú, podredumbre del pie y marchitamiento bacteriano son los posibles problemas a los que se puede enfrentar, pero depende de las condiciones de cultivo de cada año.

Todo sobre la cebolla

Las cebollas son fáciles de cultivar; no requieren demasiados cuidados, pero ofrecen un aspecto un poco descuidado al final, cuando los tallos se vuelven marrones y se doblan –lo que normalmente significa que se acerca el momento de la cosecha. Se pueden obtener a partir de bulbillos, plántulas o semillas; el bulbo alcanza la madurez a mediados del verano. El tamaño del bulbo está determinado por la duración de la época de crecimiento previa al solsticio de verano. Si la época de crecimiento es corta, no intente comenzar a partir de semillas; compre las plántulas o los bulbillos en una tienda especializada o vivero.

Siembra

- Lugar: las cebollas prefieren un lugar soleado.
- Siembra en interior: germinan en 5 días a 20 °C, pero pueden germinar también entre 10 y 15 °C. Espolvoree unas 20 semillas en recipientes con vermiculita entre 8 y 12 semanas antes de la última helada de la primavera. Manténgalas en un lugar cálido hasta que germinen; trasládelas a pleno sol en cuanto aparezcan los primeros brotes; y procure trasladar las plantas a bandejas semilleras o modulares cuando tengan el tamaño suficiente (lo que suele ocurrir, normalmente, entre 1 a 3 semanas más tarde).
- Trasplante: cuatro semanas antes de la última helada de la primavera; elimine la vermiculita de las plantas y reúnalas en pequeños haces. Recorte las puntas y las raíces con las tijeras para que a la planta le queden unos 5 cm de cada una. Haga un agujero en cada espacio de su cuadrado con un lápiz, introduzca una planta y compacte la tierra.
- Siembra en exterior: si la temporada no es lo bastante prolongada para la siembra de semillas, utilice bulbillos. Introduzca las pequeñas cebollas en el suelo con el espaciado indicado, dejando sobresalir la punta apenas. Compacte las manos, pero con suma suavidad.

CEBOLLA

INFORMACIÓN BOTÁNICA
Altura: 30 cm
Espaciado: 16 por cuadrado o 4 chalotas
ÉPOCA DE CRECIMIENTO
Primavera: sí
Verano: sí
Otoño: no*
Invierno: no*

Tiempo desde la siembra hasta la cosecha o floración: 20 semanas
Conservación de las semillas: 1 a 2 años
Tiempo hasta la madurez: 20 semanas
Siembra en interior: 8 a 12 semanas antes de la última helada de la primavera
Siembra en exterior: 4 semanas antes de la última helada de la primavera
* Hay variedades especiales para la siembra en otoño que resisten el invierno.

Crecimiento

- Riego: detenga el riego cuando los tallos comiencen a caer.
- Mantenimiento: deshierbe cada semana; cuando los bulbos comiencen a expandirse, retire parte de la tierra alrededor de cada uno y descúbralo parcialmente. No le hará daño y verá la parte superior. ¡Es emocionante verlos crecer cada semana!

Cosecha

- Cómo: extraiga las cebollas y colóquelas sobre un trozo de malla de gallinero o mosquitera al sol durante varios días. Elimine la tierra adherida y guárdelas para su consumo posterior. Las cebollas con tallos verdes o muy gruesos no deben almacenarse, sino consumirse de inmediato.
- Cuándo: a mediados de verano los tallos de las cebollas comienzan a volverse marrones y se doblan. Cuando la mayoría se ha caído, doble las restantes con la mano. Pronto los tallos se secarán y los bulbos alcanzarán el tamaño máximo.

Preparación y uso

Las cebollas cultivadas en casa tienen un sabor mucho más suave y dulce que las comercializadas. Cuélguelas secas en una bolsa de malla, o trence los tallos y cuélguelas en un lugar fresco y seco para su almacenamiento durante el invierno.

Problemas

Las cebollas pueden sufrir varias enfermedades del suelo que se acumulan en la mezcla de Mel, por lo que resulta conveniente cultivarlas en un cajón de horticultura en 1 m² distinto cada año. Los pájaros pueden arrancar los bulbillos recién plantados.

Todo sobre el orégano

¿Qué sería de la cocina italiana sin un toque de orégano para darle color y aroma? El orégano y la mejorana son originarios de la zona mediterránea y disfrutan del sol. Estas bonitas plantas tienen tallos densamente cubiertos de hojas, y las abejas gustan de visitar sus flores. El orégano variegado resulta muy atractivo, porque sus hojas tienen bordes blancos o dorados, pero no es tan resistente como el verde, y suele emplearse como planta ornamental. Recorte el orégano con frecuencia para mantenerlo en forma. Puede ir secando las hojas. Es una de las pocas hierbas cuyo sabor es más intenso cuando las hojas están secas que cuando son frescas. Una vez que las hojas se sequen, tritúrelas un poco y consérvelas en un recipiente hermético.

Siembra

- Lugar: a pleno sol.
- Siembra en interior: puede sembrar las semillas entre 4 y 6 semanas antes de la última helada de la primavera. Aunque, como solo necesita una planta, no vale la pena sembrar la semilla.
- Trasplante: plante en cualquier momento de la primavera.
- Siembra en exterior: en primavera, después de la última helada; las semillas necesitan luz para germinar.

Crecimiento

- Riego: semanal.
- Mantenimiento: riegue con mesura; el exceso de agua pudre las raíces. Coseche o recorte las plantas maduras con frecuencia para mantenerlas controladas. Divídalas cada 2 o 3 años.

ORÉGANO

INFORMACIÓN BOTÁNICA
Altura: 20 a 45 cm
Espaciado:
1 por cuadrado
ÉPOCA DE CRECIMIENTO
Primavera: sí
Verano: sí
Otoño: sí
Invierno: no

Tiempo desde la siembra hasta la cosecha o floración: n/d
Conservación de las semillas: n/d
Tiempo hasta la madurez: 8 a 10 semanas
Siembra en interior: no
Siembra en exterior: después de la última helada
Siembra en sucesión: en cualquier momento durante la época de crecimiento
Última siembra: no necesaria

Cosecha

- Cómo: corte los tallos del orégano hasta dejar únicamente un par de hojas. Será en esas donde se formarán las ramas nuevas.
- Cuándo: el orégano puede cosecharse en cualquier momento durante los meses de verano, pero el sabor es óptimo una vez formados los capullos de las flores, pero antes de que estas se abran.

Preparación y uso

El orégano tiene la peculiaridad de perder su sabor distintivo durante la cocción, por lo que debe añadirse en los últimos minutos. Utilícelo en ensaladas, cocidos, sopas, salsas, platos de pescado y, por supuesto, pizzas. El deshidratado tiene un sabor más intenso que el fresco y resulta muy indicado para acompañar platos con tomate o arroz.

Problemas

El orégano suele estar libre de plagas y enfermedades. Pero hay que tener presente que el exceso de riego puede llegar a pudrir las raíces.

Todo sobre el perejil

El perejil es una hierba maravillosa que presenta un aspecto fantástico en el huerto. Ofrece una cosecha abundante y continua, es muy nutritivo y no requiere grandes cuidados. Las plagas no lo afectan y es resistente a las enfermedades. Por todos estos motivos, su presencia en su cajón de horticultura en 1 m² es muy conveniente. Se presenta en muchas variedades, pero hay dos tipos básicos: de hoja lisa y rizada. Se dice que las variedades de hoja lisa tienen mejor sabor, pero las rizadas ofrecen un mejor aspecto.

PEREJIL

INFORMACIÓN BOTÁNICA
Altura: 15 a 30 cm
Espaciado:
4 por cuadrado
ÉPOCA DE CRECIMIENTO
Primavera: sí
Verano: sí
Otoño: sí
Invierno: sí

Tiempo desde la siembra hasta la cosecha o floración:
14 semanas
Conservación de las semillas: 2 a 3 años
Tiempo hasta la madurez: 7 semanas
Siembra en interior: 12 semanas antes de la última helada de la primavera
Siembra en exterior: 5 semanas antes de la última helada de la primavera

Siembra

- Lugar: a pleno sol o semisombra.
- Siembra en interior: tarda entre 10 y 15 días en germinar a 20 °C. Las semillas germinan con mucha lentitud. Deben remojarse en agua tibia durante 24 horas antes de sembrar. Espolvoree 10 semillas prerremojadas en un vaso con vermiculita 12 semanas antes de la última helada de la primavera. Manténgalas en un ambiente cálido después de que germinen y colóquelas a pleno sol en cuanto aparezcan las primeras hojas; a continuación, trasplántelas a bandejas cuando tengan el tamaño necesario (entre 1 y 3 semanas).
- Trasplante: coloque las plantas en el exterior 5 semanas antes de la última helada de la primavera o cuando tengan el tamaño adecuado; plántelas a la misma profundidad que tienen en el recipiente.
- Siembra en exterior: es recomendable iniciarlas en el interior, porque las semillas crecen con lentitud y les cuesta bastante germinar.

Crecimiento

- Riego: no permita que el perejil se seque, porque se endurece, se vuelve amargo y puede llegar a formar semillas el primer año.

- Mantenimiento: elimine las malas hierbas una vez por semana. Acolche bien para obtener una cosecha continua en invierno y para que vuelva a crecer la próxima primavera.

Cosecha

- Cómo: corte las hojas exteriores a medida que las vaya necesitando; para una cosecha mayor, corte la planta entera un poco por encima de los brotes centrales pequeños. Con cualquiera de las dos opciones, la planta continuará creciendo sin ningún problema.
- Cuándo: coseche en cualquier momento a partir de que la planta alcance entre 8 y 10 cm.

Preparación y uso

El perejil es indicado para sopas, cocidos, estofados, con pescado o cualquier tipo de carne; es excelente para acompañar hortalizas hervidas, en particular las patatas. Contiene una gran cantidad de vitaminas A y C. Corte las hojas con tijeras y no dude en espolvorearlas sobre sus platos para que obtengan un aspecto de cocina de chef profesional.

Problemas

Está relativamente libre de plagas y enfermedades.

Todo sobre los guisantes

¿A quién no le gusta el sabor de los guisantes frescos? Hasta la introducción de los tirabeques resultaba difícil cultivar una cantidad suficiente para más de un par de comidas. Pero, cuando uno puede comer tanto la vaina como los guisantes del interior, consigue una cosecha unas 5 veces mayor. Los guisantes son jugosos, dulces y crujientes, y pueden consumirse crudos o hervidos. Suelo cultivarlos siempre en mi huerto y los recomiendo mucho. Pocas vainas llegan a la cocina, porque nos las comemos en el mismo huerto.

Siembra

- Lugar: a pleno sol en primavera; en verano, si es posible, a la sombra.
- Siembra en interior: no.
- Trasplante: no se trasplanta bien.
- Siembra en exterior: tarda entre 10 y 15 días en germinar en exteriores. Mezcle las semillas prerremojadas con impulsor de crecimiento de guisantes y judías para obtener una cosecha más abundante, y plántelas a 2 o 3 cm de profundidad unas 5 semanas antes de la última helada de la primavera. Riegue y cubra con una cúpula de plástico.

Crecimiento

- Riego: no permita que los guisantes se sequen.
- Mantenimiento: deshierbe cada semana; no permita que la planta se moje. Sujétela a la espaldera vertical; acolche cuando el clima sea muy cálido.

Cosecha

- Cómo: arranque o corte las vainas con mucho cuidado (con ambas manos).

GUISANTES Y TIRABEQUES

INFORMACIÓN BOTÁNICA	
Altura: 60 a 150 cm	
Espaciado: 8 por cuadrado	
ÉPOCA DE CRECIMIENTO	
Primavera: sí	
Verano: sí	
Otoño: no	
Invierno: no	

Tiempo desde la siembra hasta la cosecha o floración: 10 a 14 semanas
Conservación de las semillas: 3 a 4 años
Tiempo hasta la madurez: 10 a 14 semanas
Siembra en interior: no
Siembra en exterior: 6 a 8 semanas antes de la última helada de la primavera

- Cuándo: lo bueno de estos guisantes es que pueden consumirse en cualquier etapa del crecimiento. Son apetitosos (crudos o hervidos) tanto si las vainas están totalmente maduras y rebosantes de guisantes como aún delgadas y con diminutos guisantes en su interior. Cómase algunas cada vez que visite su huerto, ¡vaya festín que se dará!

Preparación y uso

Basta con lavarlos y están listos para comer o cocinar. Intente consumirlos lo más frescos posible; almacene en la nevera lo que no pueda consumir de inmediato. Los guisantes son ricos en vitaminas A, B1 y C, y contienen fósforo y hierro. Conforme las vainas alcanzan su tamaño definitivo, algunas desarrollan un hilo a lo largo de cada borde que es fácil de retirar; basta con partir el extremo del tallo y estirarlo hacia abajo, y ambos hilos se desprenden con facilidad. La vaina aún será crujiente y sabrosa cuando alcance su tamaño definitivo.

Si las vainas comienzan a perder su agradable color verde y se vuelven marrones en la planta, han sobrepasado su nivel de madurez. Coséchelas de inmediato y añádalas al montón del compost, porque en caso contrario la planta dejará de producir nuevas vainas. Si el crecimiento se detiene, la planta se marchitará y su cajón de horticultura ofrecerá un aspecto descuidado.

Problemas

No suele tener problemas de plagas, salvo el mildiú en algunas ocasiones, en especial si el clima es muy cálido y las plantas están estresadas.

Todo sobre el pimiento

La mayoría de los horticultores adoran cultivar pimientos; resultan decorativos; están libres de plagas y enfermedades, y su producción es considerable en relación con el espacio que ocupan. Puede comprar las plántulas en el vivero o sembrar sus propias semillas. Su aspecto en el huerto es fantástico; algunas personas cultivan varios tipos a la vez por su aspecto decorativo. Si hasta ahora solo ha cultivado la variedad verde, pruebe las de color amarillo y sabor dulce. Los pimientos presentan varias formas distintas, desde la típica acampanada hasta la delgada y curvada de las guindillas. El color varía del verde al rojo pasando por el naranja y el amarillo.

PIMIENTO

INFORMACIÓN BOTÁNICA
Altura: 30 a 60 cm
Espaciado:
1 por cuadrado
ÉPOCA DE CRECIMIENTO
Primavera: no
Verano: sí
Otoño: no
Invierno: no

Tiempo desde la siembra hasta la cosecha o floración: 20 a 25 semanas
Conservación de las semillas: 4 a 5 años
Tiempo hasta la madurez: 20 a 25 semanas
Siembra en interior: 15 semanas antes de la última helada de la primavera
Siembra en exterior: 2 semanas después de la última helada de la primavera

Siembra

- Lugar: a pleno sol.
- Siembra en interior: tarda entre 10 y 15 días en germinar a 20 °C. Espolvoree entre 5 y 10 semillas en un vaso con vermiculita unas 7 semanas antes de la última helada de la primavera, tápelas con 6 mm de vermiculita. Manténgalas en un ambiente cálido después de la germinación; trasládelas a pleno sol en cuanto aparezcan los primeros brotes. A continuación, trasplántelas a bandejas cuando las plantas tengan el tamaño suficiente (entre 1 y 3 semanas).
- Trasplante: los pimientos requieren un suelo caliente, así que no los trasplante hasta 2 semanas después de la última helada de la primavera.
- Siembra en exterior: la temporada de crecimiento es demasiado corta para sembrar en exterior.

Crecimiento

- Riego: no moje las hojas, ya que la planta sería vulnerable a las infecciones por hongos.
- Mantenimiento: deshierbe cada semana; acolche en climas cálidos; cubra las plantas a medio crecimiento con una jaula de alambre de malla grande para sujetarlas sin necesidad de tutor.

Los tallos y las ramas son frágiles y se rompen con facilidad, así que tenga cuidado.

Cosecha

- Cómo: corte el fruto de la mata (no tire, o romperá otras ramas accidentalmente). Deje unos 2 o 3 cm de tallo en cada pimiento para prolongar su tiempo de conservación.
- Cuándo: coseche en cualquier etapa del desarrollo. Si quiere pimientos verdes, coséchelos en cuanto tengan el tamaño deseado para su empleo. Puede dejarlos en la planta y se volverán rojos o amarillos cuando hayan alcanzado su tamaño máximo. Muchas personas prefieren consumirlos rojos o amarillos, porque se considera que su sabor es más dulce y no tan intenso. Las guindillas deben adquirir su color definitivo antes de consumirse.

Preparación y uso

Utilice los pimientos crudos o cocinados. Son excelentes en ensalada o emplearlas como adorno en un cocido. Córtelos en tiras, dados o rodajas delgadas como un tomate. Su forma resulta muy decorativa. Rellenos con una mezcla de carne, arroz o verduras y horneados constituyen una deliciosa cena veraniega. Los pimientos son ricos en vitaminas A y C. Procure lavar sus manos después de manipular los chiles (no permita que los niños manipulen chiles cortados).

Problemas

El daño por heladas y que la fruta no madure antes del final de la temporada son los problemas principales.

Todo sobre la patata

Cultivar sus propias patatas es la mejor manera de probar la gran variedad de formas, tamaños y colores de esta hortaliza. Coséchelas pronto para obtener pequeñas perlas muy sabrosas o extráigalas más tarde para almacenar los tubérculos de mayor tamaño durante el invierno. La patata es ideal para que la cultiven los niños, ya que hay muchas maneras de cocinarlas. Además, es más sencillo que los preescolares siembren patatas que semillas diminutas, difíciles de manipular. Construya o compre un cajón elevado para que quepa al menos el doble de mezcla de Mel.

Siembra

- Lugar: a pleno sol o semisombra.
- Siembra en interior: no.
- Trasplante: no plante semillas; corte las patatas en trozos pequeños, deje que las yemas broten y plántelas.
- Siembra en exterior: utilice solo patatas semilleras certificadas y sin enfermedades. Hágalas germinar una semana antes del momento de plantación colocándolas en una bandeja en la que reciban luz (pero no sol directo), en un lugar fresco pero al abrigo de las heladas –un alféizar interior orientado al norte resulta ideal. Uno o dos días antes de sembrar, corte las patatas en «trozos de siembra» con al menos una yema germinada por sección. Retire entre 10 y 15 cm de tierra; coloque 4 trozos con el espaciado adecuado y con las yemas hacia arriba, y cúbralas apenas. Cuando aparezcan los brotes, añada suficiente mezcla de Mel para cubrirlos. Repita esta operación hasta que todo el agujero vuelva a estar lleno. Cubra las plantas más o menos una vez por semana con más mezcla de Mel, hasta que comiencen a florecer. Verifique que todas las patatas que se formen estén bien cubiertas con la mezcla, ya que las descubiertas, expuestas a la luz solar, se vuelven verdes y no deben consumirse. Las patatas verdes que no se desarrollen pueden colocarse en el compostador.

PATATA

INFORMACIÓN BOTÁNICA

Altura: 30 a 60 cm
Espaciado: 4 por cuadrado

ÉPOCA DE CRECIMIENTO

Primavera: sí
Verano: sí
Otoño: sí
Invierno: no

Tiempo desde la siembra hasta la cosecha o floración: 20 semanas
Conservación de las semillas: compre patatas semilleras certificadas cada temporada; no conserve sus propias patatas
Tiempo hasta la madurez: 20 semanas
Siembra en interior: no
Siembra en exterior: después de la última helada de la primavera
Siembra en sucesión: a finales de la primavera para una segunda cosecha para guardar durante el invierno

Crecimiento

- Riego: increméntelo durante la floración.

Cosecha

- Cómo: afloje la tierra alrededor de las patatas tempranas con suavidad y retire los tubérculos de mayor tamaño, pero deje seguir creciendo las más pequeñas. Para las patatas tardías, excave un poco alrededor de la planta y retire las patatas conforme las encuentre. Tenga cuidado de no perforarlas o cortarlas mientras cava. Almacénelas en un lugar oscuro y fresco entre 3 y 6 meses. No almacene patatas cerca de manzanas, ya que estas desprenden una sustancia química que daña las patatas.
- Cuándo: las patatas tempranas pequeñas pueden cosecharse conforme se necesiten a principios del verano una vez finalizada la floración. Las tardías pueden dejarse en la tierra hasta 2 o 3 semanas después de que el follaje se marchite en otoño o se seque en su totalidad para su almacenamiento.

Preparación y uso

Las patatas se pueden hervir, freír, cocinar al vapor, asar u hornear.

Problemas

Las babosas y los nematodos son un problema en algunos suelos. Existen algunas enfermedades de la patata relacionadas con el suelo. Pero, si cultiva en cajones y cambia la mezcla, no se deberían presentar ninguno de ellos. En un verano húmedo es posible que aparezca la roya de la patata.

Todo sobre el rabanito

Los rabanitos constituyen un cultivo perfecto para cualquier horticultor, desde los principiantes hasta los expertos. ¿Quién puede resistirse a una hortaliza que madura en solo 4 o 6 semanas? Además, su sabor es intenso en cualquier plato. Se presentan en multitud de formas, desde pequeños y redondeados hasta alargados como zanahorias. Su color varía del rojo al blanco pasando por el rosa, e incluso hay variedades negras. Los rabanitos sembrados en primavera suelen ser rojos o blancos y maduran en 4 semanas. Las variedades de invierno necesitan entre 6 y 8 semanas y se conservan muy bien; se las denomina rabanitos de invierno aunque pueden estar listos en otoño.

Siembra

- Lugar: a pleno sol o semisombra.
- Siembra en interior: no.
- Trasplante: no se trasplantan bien.
- Siembra en exterior: tarda entre 5 y 10 días en germinar en el exterior, según la temperatura. Plante un nuevo cuadrado cada 2 o 3 semanas para obtener una cosecha escalonada aunque continua. Plante a 12 mm de profundidad en primavera y al doble de profundidad en verano. Si le gustan mucho, plante algunos cada semana del año de cultivo, incluso durante la época de más calor. Las plantas crecerán bastante bien si les proporciona cierta sombra, mucha agua y un acolchado grueso. Las variedades de invierno o de larga conservación necesitan 2 meses para madurar, así que debe sembrarlas con esta antelación antes de la primera helada de otoño.

Crecimiento

- Riego: no permita que los rabanitos dejen de crecer o se sequen; la falta de agua les da un sabor picante y reduce su tamaño, así que mantenga la tierra húmeda.

RABANITO

INFORMACIÓN BOTÁNICA	
Altura: 15 a 30 cm	
Espaciado: 16 por cuadrado	

ÉPOCA DE CRECIMIENTO
- **Primavera:** sí
- **Verano:** sí
- **Otoño:** sí
- **Invierno:** no*

Tiempo desde la siembra hasta la cosecha o floración: 4 a 6 semanas

Conservación de las semillas: 5 a 6 años

Tiempo hasta la madurez: 4 a 6 semanas

Siembra en interior: no

Siembra en exterior: 3 semanas antes de la última helada de la primavera

Siembra en sucesión: cada 3 semanas

*Sí para el rabanito de invierno.

- Mantenimiento: deshierbe cada semana; mantenga cubierto con un cajón de malla fina si los alticinos son un problema; acolche si hace mucho calor.

Cosecha

- Cómo: tire de la planta y recorte los tallos. Refrigere las porciones comestibles si no las utiliza de inmediato.
- Cuándo: coseche desde que tengan el tamaño de una canica hasta el de una pelota de ping pong; cuanto menor sea el tamaño, más dulces serán los rabanitos. Las variedades de invierno pueden dejarse en la tierra hasta que comience a helar, y entonces acolchar el suelo para evitar que se hiele o extraerlos y almacenarlos en turba húmeda (o fibra de coco) o arena una vez retirados los tallos.

Preparación y uso

Rebánelos, córtelos en dados o en formas divertidas para comerlos directamente; añádalos a una ensalada o úselos para decorar un plato. Si tiene demasiados de golpe, corte los tallos y almacénelos en una bolsa de plástico en la nevera. Los rabanitos se suelen mantener crujientes durante al menos una semana antes de empezar a ablandarse.

Problemas

Crecen con rapidez, por lo que enseguida forman semillas. La plaga principal son los alticinos. Gracias a su rápido crecimiento, sufren pocas enfermedades.

Todo sobre las espinacas

La espinaca auténtica es un poco difícil de cultivar, aunque es muy popular. Suele darse bien si se mantiene fresca en primavera y en otoño. De crecimiento rápido, puede cultivarse en un espacio relativamente pequeño y ofrece un precioso aspecto en el huerto. Florece demasiado pronto con el calor del verano, pero crece muy bien a principios de la primavera y en otoño. Resiste bien el frío y en los climas más cálidos puede cultivarse todo el invierno.

Algunas variedades son más resistentes a las heladas y se adaptan particularmente bien al crecimiento en otoño y quizá al invierno. Verifique en el catálogo de semillas y busque variedades adecuadas a su zona, ya que siempre hay novedades.

Siembra

- Lugar: cualquier emplazamiento es adecuado, a pleno sol o semisombra.
- Siembra en interior: no.
- Trasplante: no se trasplanta bien.
- Siembra en exterior: tarda 1 o 2 semanas en germinar en el exterior. Plante las semillas a 12 mm de profundidad, riegue y proteja con una cajonera cubierta de plástico.

Crecimiento

- Riego: al ser una planta de hoja, necesita el suelo siempre húmedo.
- Mantenimiento: deshierbe cada semana; acolche en climas cálidos. No trabaje el cuadrado con las espinacas si las hojas está muy mojadas; son frágiles y se rompen con facilidad.

ESPINACAS

INFORMACIÓN BOTÁNICA
Altura: 15 a 30 cm
Espaciado: 9 por cuadrado

ÉPOCA DE CRECIMIENTO
Primavera: sí
Verano: no
Otoño: sí
Invierno: sí

Tiempo desde la siembra hasta la cosecha o floración: 10 a 12 semanas
Conservación de las semillas: 5 a 6 años
Tiempo hasta la madurez: 10 a 12 semanas
Siembra en interior: no
Siembra en exterior: 10 semanas antes de la última helada de la primavera

Cosecha

- Cómo: corte las hojas exteriores a medida que las vaya necesitando; las pequeñas hojas interiores continuarán creciendo con rapidez.
- Cuándo: coseche en cuanto tenga la impresión de que a la planta no le importa perder 1 o 3 hojas exteriores. Continúe cortando y la planta seguirá creciendo hasta que se acerque el calor. Si se trata de una cosecha de primavera y cree que las plantas florecerán pronto, corte la totalidad de la planta para obtener una cosecha adicional.

Preparación y uso

Lávelas con cuidado; la tierra tiende a adherirse al envés. Centrifúguelas o séquelas y consérvelas en la nevera como la lechuga. Mejor aún, consúmalas enseguida. Sírvalas frescas en ensalada, cocínelas ligeramente para preparar una ensalada tibia de espinacas, hervidas o al vapor. Las espinacas combinan bien con cualquier comida, en especial si se aderezan con huevo duro picado. Tienen un elevado contenido de vitaminas A, B1 y C, y constituyen una valiosa fuente de hierro.

Problemas

Minadores de las hojas y áfidos. El mildiú puede ser un problema en algunas áreas, pero existen variedades resistentes.

Todo sobre las fresas

Recoger fresas en un día tranquilo de finales de primavera es un lujo para los pequeños, los mayores y los medianos –y solo la mitad llegan al cesto. Como las fresas son tan populares, muchas familias plantan todo un cajón de horticultura de fresas, una manera fácil de protegerlas y cosecharlas. Las plantas producen frutos al menos durante 3 o 4 años, luego la cosecha comienza a menguar hasta que la planta muere. Hay 3 tipos principales de fresas: las que producen a finales de primavera; las perennes, que fructifican 2 veces durante la época de cultivo, y las de día neutro, a las que no afecta la duración del día, como sí les ocurre a las otras. Y no olvide la fresa alpina, que recompensa durante largo tiempo con sus frutos pequeños pero de sabor muy intenso.

FRESAS

INFORMACIÓN BOTÁNICA
Altura: 15 a 30 cm
Espaciado:
4 por cuadrado
ÉPOCA DE CRECIMIENTO
Primavera: sí
Verano: sí
Otoño: no
Invierno: no

Tiempo desde la siembra hasta la cosecha o floración: n/d
Conservación de las semillas: no; las plantas cultivadas a partir de semillas requieren hasta 3 años para dar fruto
Tiempo hasta la madurez: n/d
Siembra en exterior: plante los estolones en otoño o las plantitas del vivero en primavera

Siembra

- Lugar: a pleno sol. La variedad alpina tolera la sombra parcial.
- Siembra en interior: no.
- Trasplante: a principio de la primavera, en cuanto el suelo no esté helado. verifique que el suelo no esté demasiado húmedo.
- Siembra en exterior: la mayoría de los horticultores compran las plantas de fresa en grupos de una docena. Remójelas primero, luego recorte un poco las raíces y plante 4 por cuadrado. Deje una pequeña depresión en forma de plato alrededor de cada planta para asegurar un riego efectivo. Mantenga el suelo húmedo; incremente el riego cuando las plantas den fruto.

Crecimiento

- Riego: semanal, más durante los períodos de sequía.
- Mantenimiento: recorte los estolones cada semana en cuanto los vea; de esta manera toda la energía permanece en la planta madre para incrementar la cosecha. Después de 3 o 4 años, cuando la cosecha disminuya, es recomendable arrancar las plantas y replantar, quizá en un cajón distinto con plantas nuevas del vivero certificadas como libres de enfermedades. Es cierto que los estolones producen nuevas plantas y parece un desperdicio no usarlas. Sin embargo, un número elevado de estolones producen demasiadas plantas, que absorben la energía de la planta madre y reducen la cosecha.

Cosecha

- Cómo: corte el fruto dejando un pequeño trozo de tallo; utilice tijeras para lograr un corte limpio.
- Cuándo: coseche en cuanto el fruto madure, entre 2 y 3 semanas.

Preparación y uso

Utilícelas lo más pronto posible después de cosecharlas; cómalas en el momento. Puede emplearlas en macedonias, pasteles o tartas. Congele las fresas enteras para usarlas en batidos; se ablandarán cuando las descongele, pero conservarán su sabor.

Problemas

Babosas, pájaros, moho gris y verticilosis. Las personas que ponen demasiadas en su boca y muy pocas en la cesta.

Todo sobre el calabacín y las calabazas de verano

En general, las calabazas de verano necesitan mucho espacio para crecer, aunque son muy prolíficas. Su cultivo es sencillo y rápido, pero no resisten las heladas y necesitan un clima cálido. Existen calabazas de muchos colores y formas: redondas, rectas, curvadas y planas.

La mayoría de las variedades disponibles son del tipo arbustivo (en especial los calabacines), así que debe asignar un gran espacio a una única planta. Sin embargo, esta planta producirá una gran cantidad de frutos, así que la mayoría de los horticultores creen que vale la pena.

Una solución alternativa consiste en cultivar tipos trepadores sobre un soporte vertical, con lo que se ahorra espacio. Puede cultivar los calabacines verticalmente, pero aún requerirán mucho espacio por sus enormes hojas y tallos espinosos. Compruebe el envase de las semillas para encontrar un tipo trepador o una variedad moderna «de patio».

Siembra

- Lugar: a pleno sol
- Siembra en interior: plante una semilla en un vaso con mezcla de Mel a 25 mm de profundidad. Siembre entre 4 y 6 semanas antes de la última helada prevista. Atempere las plantas jóvenes.
- Trasplante: plante en el exterior 2 o 3 semanas después de la última helada de la primavera (o antes si utiliza una cúpula).
- Siembra en exterior: tarda entre 5 y 10 días en germinar en el exterior. Para los tipos arbustivos, siembre 2 semillas –remojadas con antelación– en el centro de un cajón de 9 cuadrados. Para las variedades trepadoras, siembre también 2 semillas remojadas en el centro de un espacio de 2 cuadrados bajo el marco vertical. Asegúrese de excavar una hoya. Coloque una caja cubierta de plástico sobre las semillas para calentar el suelo. Después de germinar, corte la planta más débil si brotan ambas semillas.

CALABACÍN Y CALABAZAS DE VERANO

INFORMACIÓN BOTÁNICA
Altura: 45 cm; si es trepador, 1,2 m
Espaciado: 1 por cajón de horticultura; si es trepador, 1 cada 2 cuadrados

ÉPOCA DE CRECIMIENTO
Primavera: no
Verano: sí
Otoño: no
Invierno: no

Tiempo desde la siembra hasta la cosecha o floración: 12 semanas
Conservación de las semillas: 5 a 6 años
Tiempo hasta la madurez: 12 semanas
Siembra en interior: 4 a 6 semanas antes de la última helada de la primavera
Siembra en exterior: 2 a 3 semanas después de la última helada de la primavera

Crecimiento

- Riego: mantenga las hojas secas para evitar los hongos.
- Mantenimiento: deshierbe cada semana; guíe las plantas por el soporte vertical o en los límites de su cuadrado.

Cosecha

- Cómo: corte con cuidado el tallo de la fruta, pero no corte la planta principal o los tallos con hojas. Manipule el calabacín lo más suavemente posible, ya que su piel suele ser muy blanda y se daña con facilidad con la uñas o si se cae.
- Cuándo: coseche en cuanto se marchiten los capullos. Los calabacines pueden cosecharse cuando miden 10 cm de largo. No los deje crecer más. A veces es necesario cosechar 3 veces por semana, ya que ¡crecen muy deprisa! Las calabazas de verano pierden sabor conforme maduran las semillas en su interior.

Preparación y uso

Enjuáguelos ligeramente y sírvalos en rodajas o cortados en bastones, acompañados de un mojo, o como tentempié en cualquier momento. Cocínelos un poco al vapor o salteados, y combínelos con otros ingredientes para crear innumerables platos. Sirva los calabacines solos o con otras hortalizas, sazonados con un poco de salsa, queso rallado o perejil picado. Contienen grandes cantidades de vitaminas A, B1 y C.

Problemas

El mildiú y las babosas.

Todo sobre la calabaza de invierno

Es una planta que acapara mucho espacio y que muchos horticultores no quieren cultivar debido a sus enormes hojas y a que sus tallos invaden todo el huerto. Ese es el motivo por el cual la cultivo verticalmente. El fruto puede cosecharse a finales de otoño y se conserva sin dificultad para emplearlo durante el invierno, ya que mantiene su delicioso sabor mucho después de la cosecha. Existe un gran número de variedades, pero la calabaza cacahuete y la bellota son las más populares. Todas las calabazas de invierno tienen pieles gruesas que se endurecen durante el otoño, y suelen cosecharse después de que las hojas han muerto debido a las heladas. La recompensa no se obtiene hasta el final de la temporada. Pero, como entonces los productos frescos son muy pocos, la calabaza de invierno es muy bienvenida. El fruto tiene un sabor suave y una textura granulosa fina.

Siembra

- Lugar: a pleno sol, pero tolera un poco de sombra.
- Siembra en interior: siembre del mismo modo que las calabazas de verano.
- Trasplante: como las calabazas de verano.
- Siembra en exterior: debido a que las semillas germinan con rapidez, puede sembrarse en el exterior. Plante 2 semillas –remojadas con antelación– en el centro de 4 cuadrados. Deje una ligera depresión alrededor de las semillas para contener una gran cantidad de agua durante la temporada. Cubra con una estructura de plástico para calentar el suelo y favorecer la germinación rápida de las semillas. Corte la planta más débil en caso de que ambas semillas germinen.

CALABAZA DE INVIERNO

INFORMACIÓN BOTÁNICA

Altura: 45 cm; 2 m si se trata de una trepadora
Espaciado: 1 cada 4 cuadrados o por cajón*

ÉPOCA DE CRECIMIENTO
Primavera: no
Verano: sí
Otoño: no
Invierno: no

Tiempo desde la siembra hasta la cosecha o floración: 24 semanas
Conservación de las semillas: 5 a 6 años
Tiempo hasta la madurez: 24 semanas
Siembra en interior: 4 a 6 semanas antes de la última helada de la primavera
Siembra en exterior: 2 semanas después de la última helada de la primavera

* Para una trepadora, 1 cada 2 cuadrados.

Crecimiento

- Riego: mantenga el suelo húmedo.
- Mantenimiento: deshierbe cada semana; mantenga las plantas trepadoras sujetas a la espaldera vertical.

Cosecha

- Cómo: corte la calabaza de la planta, dejando el tallo lo más largo posible.
- Cuándo: coseche después de la primera helada ligera –que matará las hojas y tallos y provocará el marchitamiento del tallo principal–, pero antes de la primera helada intensa.

Preparación y uso

Pele la calabaza, córtela por la mitad, extraiga las semillas y prepárela para hervir u hornear. Resulta excelente en puré o en trozos con mantequilla y perejil. La calabaza de invierno puede añadirse a algunas sopas y estofados. La calabaza cacahuete se emplea para hacer tartas de calabaza (es la preferida por muchos cocineros para este fin). Consérvelas en un lugar fresco y seco; verifíquelas con frecuencia y consúmalas si detecta cualquier golpe o indicio de podredumbre.

Problemas

Mildiú; dificultad para controlar algunas ramas.

Todo sobre el tomate

Si solo va a sembrar una cosa, debería plantar tomates. Existen muchas variedades, algunas más indicadas para consumir el fruto fresco, otras para hacer zumos, para cocinar o conservar. Hay variedades tempranas, de media temporada o tardías, en colores que varían desde el rojo hasta el amarillo pasando por el naranja y el rosa. El tamaño también varía del pequeño tomate *cherry* al enorme tomate corazón de buey que puede ganar premios en las ferias locales.

TOMATE

INFORMACIÓN BOTÁNICA
Altura: trepador: 2 m; arbustivo: 30 a 45 cm
Espaciado: trepador: 1 por cuadrado; arbustivo: 1 por cajón

ÉPOCA DE CRECIMIENTO
Primavera: no
Verano: sí
Otoño: no
Invierno: no

Tiempo desde la siembra hasta la cosecha o floración: 20 a 25 semanas
Conservación de las semillas: 4 a 5 años
Tiempo hasta la madurez: 20 a 25 semanas
Siembra en interior: 8 a 9 semanas antes de la última helada de la primavera
Siembra en exterior: no
Plantar en exterior: inmediatamente después de la última helada de la primavera

Siembra

- Lugar: a pleno sol.
- Siembra en interior: tarda una semana en germinar a 20 °C. Coloque unas 5 semillas de cada variedad a cultivar en vasos individuales llenos con vermiculita 8 o 9 semanas antes de la última helada de la primavera. Cúbralas apenas con vermiculita y agua; expóngalas a pleno sol en cuanto aparezcan los primeros brotes. Colóquelas en bandejas de siembra o macetas individuales cuando las plántulas sean lo bastante grandes (entre 1 y 3 semanas).
- Trasplante: atempere las plántulas entre 1 y 2 semanas y plante en el exterior después de la fecha prevista para la última helada. Plante una trepadora por cuadrado. Los tipos arbustivos se plantan en el centro de un cajón de 9 cuadrados. Consumen tanto espacio que solo cultivo variedades trepadoras.
- Siembra en exterior: la temporada es demasiado corta para plantar directamente en el exterior, pero puede comprar las plantitas en los centros de jardinería.

Crecimiento

- Riego: evite mojar las hojas.
- Mantenimiento: elimine las ramas laterales (chupones) cada semana en el caso de las trepadoras y guíe las plantas a través de la red. Pode las hojas muertas o amarillas de la parte inferior de la planta. Acolche conforme se acerque la época de calor.

Cosecha

- Cómo: con suavidad, retuerza el tomate y tire de él para que se rompa el tallo (si está maduro, se separa con suma facilidad), o corte el tallo para no dañar el resto de los frutos que quedan en la planta.
- Cuándo: si no va a esperar a que estén rojos y maduros, ¿para qué los cultiva? Algunos horticultores prefieren cosecharlos un poco antes de ese punto (1 día o 2) si quieren tomates muy firmes para los emparedados o algún plato en particular. Si los deja en la planta demasiado tiempo, se volverán demasiado blandos, así que inspeccione sus plantas cada día; es uno de los placeres que ha estado esperando todo el año.

Preparación y uso

Los tomates tienen infinidad de usos. Puede disfrutarlos en rebanadas aderezados con pimienta o con una salsa para ensaladas. Déjelos toda la noche en remojo en aderezo para ensaladas y disfrútelos al día siguiente. Añada rodajas gruesas de tomates frescos a cualquier estofado y disfrute de un sabor poco habitual durante el resto del año.

Problemas

La mosca blanca y diversas enfermedades de marchitamiento. Algunos años la roya del tomate puede ser un problema, pero se soluciona con una cubierta.

Conversiones

Equivalencias métricas

Pulgadas (in)	1/64	1/32	1/25	1/16	1/8	1/4	3/8	2/5	1/2	5/8	3/4	7/8	1	2	3	4	5	6	7	8	9	10	11	12	36	39,4
Pies (ft)																								1	3	3 1/12
Yardas (yd)																									1	1 1/12
Milímetros (mm)	0,40	0,79	1	1,59	3,18	6,35	9,53	10	12,7	15,9	19,1	22,2	25,4	50,8	76,2	101,6	127	152	178	203	229	254	279	305	914	1000
Centímetros (cm)							0,95	1	1,27	1,59	1,91	2,22	2,54	5,08	7,62	10,16	12,7	15,2	17,8	20,3	22,9	25,4	27,9	30,5	91,4	100
Metros (m)																								,30	,91	1,00

Conversión de medidas

PARA CONVERTIR:	A:	MULTIPLIQUE POR:
Pulgadas	Milímetros	25,4
Pulgadas	Centímetros	2,54
Pies	Metros	0,305
Yardas	Metros	0,914
Millas	Kilómetros	1,609
Pulgadas cuadradas	Centímetros cuadrados	6,45
Pies cuadrados	Metros cuadrados	0,093
Yardas cuadradas	Metros cuadrados	0,836
Pulgadas cúbicas	Centímetros cúbicos	16,4
Pies cúbicos	Metros cúbicos	0,0283
Yardas cúbicas	Metros cúbicos	0,765
Pintas (Estados Unidos)	Litros	0,473 (0,568 Imp)
Cuartos (Estados Unidos)	Litros	0,946 (1,136 Imp)
Galón (Estados Unidos)	Litros	3,785 (4,546 Imp)
Onzas	Gramos	28,4
Libras	Kilogramos	0,454
Toneladas	Toneladas métricas	0,907

PARA CONVERTIR:	A:	MULTIPLIQUE POR:
Milímetros	Pulgadas	0,039
Centímetros	Pulgadas	0,394
Metros	Pies	3,28
Metros	Yardas	1,09
Kilómetros	Millas	0,621
Centímetros cuadrados	Pulgadas cuadradas	0,155
Metros cuadrados	Pies cuadrados	10,8
Metros cuadrados	Yardas cuadradas	1,2
Centímetros cúbicos	Pulgadas cúbicas	0,061
Metros cúbicos	Pies cúbicos	35,3
Metros cúbicos	Yardas cúbicas	1,31
Litros	Pintas (Estados Unidos)	2,114 (Imp, 1,76)
Litros	Cuartos (Estados Unidos)	1,057 (Imp, 0,88)
Litros	Galón (Estados Unidos)	0,264 (Imp, 0,22)
Gramos	Onzas	0,035
Kilogramos	Libras	2,2
Toneladas métricas	Toneladas	1,1

Conversión de temperaturas

Para convertir grados Fahrenheit (F) a Celsius (C), siga esta sencilla fórmula: reste 32 a la temperatura Fahrenheit. A continuación multiplique el resultado por $5/9$. Por ejemplo: 77 °F -32 = 45. 45 × $5/9$ = 25 °C.

Para convertir grados Celsius a grados Fahrenheit, multiplique la temperatura en Celsius por $9/5$ y a continuación sume 32 al resultado. Por ejemplo: 25 °C × $9/5$ = 45. 45 + 32 = 77 °C.

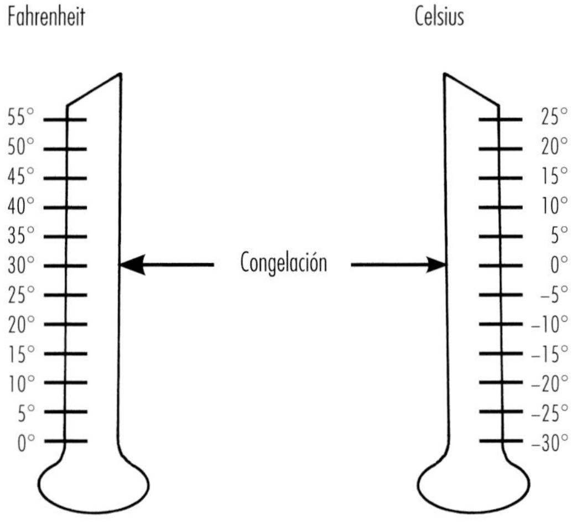

Referencias

Royal Horticultural Society (RHS)

Esta organización sin ánimo de lucro promociona la práctica de todas las variantes de la horticultura, incluso los huertos comunitarios y los huertos escolares en el Reino Unido, con programas educativos y material informativo. En su página web, los horticultores pueden encontrar consejos, artículos y todo tipo de información sobre la construcción de huertos comunitarios o escolares y cualquier otro tema relacionado con la jardinería.

www.rhs.org.uk

Garden Organic

Una ONG que promueve la jardinería ecológica. También asiste a los colegios y comunidades que desean cultivar sus propios alimentos. Cuenta con un catálogo de productos ecológicos que distribuyen por correo si se lo solicita. También tienen planes de agrupación de cosechas para la práctica de la horticultura en 1 m^2.

www.gardenorganic.org.uk

Blog de Mel

Puede encontrar las respuestas a las preguntas de otros horticultores en 1 m^2 en este blog, junto con los conocimientos y consejos del fundador de la horticultura en 1 m^2. Aquí hallará abundante información adicional y los niños incluso pueden formular sus propias preguntas.

www.melbartholomew.com

The Square Foot Gardening Foundation

Una organización sin ánimo de lucro con múltiples facetas. La fundación proporciona un foro a los horticultores en 1 m^2 para profundizar en los conocimientos sobre el origen de los huertos en un pie cuadrado de Estados Unidos, intercambiar opiniones y consejos, formular preguntas, etcétera.

www.squarefootgardening.org

World Food Programme

WPF es una ONG dedicada a paliar el hambre en el mundo. Cuenta con programas para maestros, estudiantes, padres y público en general. Ofrece muchas ideas para luchar contra el hambre en el mundo, aunque no ha adoptado la HMC como solución. En su página web incluye un mapa interactivo sobre el hambre en el mundo (cdn.wfp.org/hungermap).

www.wfp.org

Créditos

Victoria Boudman: págs. 8, 49, 75, 79, 101, 103 (superior izquierda), 138

LDI: págs. 95 (derecha), 140, 144, 145, 147, 148, 155

iStock: pág. 143

Paul Markert: págs. 4, 11, 14, 15, 17, 18, 32, 37, 41, 48, 50 (todas), 51, 52, 56, 58 (ambas), 59 (superior), 61 (ambas), 62, 69, 72, 77, 80, 81, 82 (todas), 83, 87, 88, 91, 93 (derecha, superior e inferior), 96, 97 (derecha), 98, 99 (ambas), 104 (ambas), 105 (ambas), 112, 118 (todas), 119 (todas), 120, 128, 129 (ambas), 130 (ambas), 131 (ambas), 136

J. Paul Moore: págs. 59 (inferior), 63, 71, 93, 94 (ambas), 95 (izquierda)

Shantlee Hope Sutch: págs. 6, 13 (ambas), 22, 23, 24, 25, 40, 42 (superior), 54, 97 (izquierda), 135, 139

Shutterstock: págs. 46, 57, 84, 86 (ambas), 89, 90, 107 (ambas), 114, 132, 133, 134, 142, 146, 149, 150, 151, 152, 153, 154, 156, 157, 158, 159

Índice

acelgas, 29, 148

aclarado, 75

actividad en el huerto

    aprender a comprar, 57

    buscar madera, 46

    cultivar para trasplantar, 94-95

    huertos comunitarios, 139

    preparar compost, 66

    preparar la mezcla, 72-73

    sistema «zip, zap, bing, bing,
        bing, bing», 82-84

    sujetar semillas, 88

albahaca, 142

animales, 106-109

aprender sobre las plantas, 89-90

berenjena, 153

brócoli, 28, 145

cajones

    cantidad, 31

    colocación, 52-53

decoración, 60-61, 96-97

emplazamiento, 37

ensamblaje, 48, 50-51

fondos para, 9, 51

lugar para trabajar, 49

material necesario, 42, 46

para niños, 9

preparar para el invierno, 134

razones para construir, 32, 41

tamaño, 9, 30-31

calabacín, 123, 165

calabaza

    bellota, 166

    cacahuete, 166

    de invierno, 166

    de verano, 165

caléndula, 28

carnívoros, definición, 107

cartón, como barrera para malas
    hierbas, 53

catálogos de semillas, 22, 24

cebollas, 29, 156

cebollino, 149

cilantro, 150

col, 28, 123, 146

¿Cómo dice?

    carnívoros, 107

    compost, 67

    fotosíntesis, 38-39

    germinación, 86

    hábitat, 107

    herbívoros, 107

    omnívoros, 107

    pinzado, 120

    plántula, 86

    raíces en ovillo, 93

compost, 65, 66, 67, 70

compostadores, 70

Construya el suyo

    cajón, 50-51

    compostador, 70

    cuadrícula, 58

    cúpula invernadero,
        129-131

espaldera horizontal con red,
104-105

espaldera vertical, 117-119

jaula de malla, 109-111

cosecha

madurez del cultivo, 122-123

niños y, 13, 113

crecimiento vertical

espalderas, 117-119, 120

luz solar y, 115-116

ventajas, 114

cuadrícula

construcción, 58

decoración, 60-61

importancia, 55

materiales necesarios, 56, 59

niños y, 11

cultivos

de climas templados, 100, 124-125

resistentes al frío, 100, 124-125

cúpulas, 128-133

Descubrimiento científico

efecto invernadero, 127

esquejes, 91

luz solar, 116

madera, 44-45

temperatura, 87

volumen, 68

diario de horticultura,
47, 100, 135

Diversión con el arte

decorar para fiestas,
136-137

dibujar un mapa, 23

elegir las propias plantas,
25

marcadores de plantas,
96-97

toques personales, 60-61

un ejercicio soleado, 21

efecto invernadero, 127

elegir las plantas

flores y, 25

niños y, 24, 25, 26-29

escuelas, 8, 139

espaciado de plantas, 26

espalderas, 103

verticales, 117-119, 120

espinacas, 29, 163

esporas, 90

esquejes, 91

estaciones, 24, 124-125

estolones, 90

fiestas

de cumpleaños, 19

decoración, 136-137

flores, 25, 123

fotosíntesis, 38-39

fresas, 164

geodésicas, cúpulas, 132

germinación, 86

girasoles, 27, 78

guías, 139

guisantes, 27, 159

hábitat, definición, 107

herbívoros, definición, 107

hierba, eliminar, 52

horticultura en 1 m²

alcance comunitario, 139

escuelas, 8, 139

interés infantil, 15

niños, 18-19

plagas, 106

preescolares, 76-77

principios básicos, 7, 9-13

huertos comunitarios, 139

índices, 24

invernaderos

acerca de los, 126, 128

cúpulas invernadero, 129-131

efecto invernadero, 127

invierno

horticultura en, 133

preparar para el, 134

jaula de malla, 109-111

judías, 155

verdes, 27, 78, 143

lechuga de hoja, 27, 123, 154

listones, 56

madera, 44-45

maíz dulce, 78, 123, 151

malas hierbas, 7, 12, 52-53, 100

malla geotextil antigerminante, 52-53

mapas, 21, 23

marcadores de plantas, 96-97

melón, 155

cantalupo, 155

mezcla de Mel

beneficios, 10, 63

cantidades, 69

composición, 65

compra de ingredientes, 67

malas hierbas, 100

mezcla, 71-73

niños

consejos para practicar
la horticultura con, 16

distintas edades, 20

plantas favoritas de los, 26-29

semillas para, 78

obras, 49

omnívoros, definición, 107

orégano, 157

patata, 161

pepino, 123, 152

perejil, 158

periódico, como barrera contra
las malas hierbas, 52-53

pimientos, 28, 123, 160

pinzado, 120, 121

plagas, 106

planificación

catálogos de semillas, 22

elección de plantas, 24, 25

exposición al sol y, 21, 22

flores y, 25

niños y, 18-19

plántulas, 86, 92

preescolares, 76-77

Problema matemático

calcular la cantidad de mezcla
de Mel, 67

dividir cuadrados, 85

número de cuadrados, 34-36

vamos a medir, 33

proteger plantas, 106

animales y, 108-109

jaulas de malla, 109-111

rabanitos, 26, 78, 123, 162

raíces en ovillo, definición, 93

red horizontal, 102, 104-105

remolacha, 29, 144

riego, 12, 98-99

rizomas, 90

rocas, 46

rotación de cultivos, 100

seguridad, precauciones, 48, 111

semillas

    aprender sobre, 89-90, 92

    conservar el sobrante, 92

    niños y, 78

    siembra, 87, 89

    sujetar, 88

siembra

    división de cuadrados, 80, 82-83

    en sucesión, 100, 124-125

    herramientas para, 81

    para niños, 78

    sembrar las semillas, 87, 89

    sistema «zip, zap, bing, bing,
      bing, bing», 80, 82-84

    sujetar semillas, 88

    ventajas de la horticultura
      en 1 m^2, 75

sol

    crecimiento vertical y, 115-116

    estaciones y, 24

    planificación y, 21, 22

suelo

    composición, 10

    malas hierbas, 64

    véase mezcla de Mel

sujeción de plantas

    espaldera horizontal con red,
      102, 104-105

    espalderas, 103

sujetar semillas, 88

tirabeques, 159

tomates, 167

    cherry, 28

trasplantes, 92, 93, 94-95

tubérculos, 90

turba, 65

tutores, *véase* sujeción
  de plantas

vallas, *véase* protección de plantas

vermiculita, 65

volumen, cálculo de 67, 68

zanahorias, 26, 123, 147

«zip, zap, bing, bing, bing, bing»,
  sistema 80, 82-84

Notas

Conozca a Mel Bartholomew

El camino que ha recorrido Mel Bartholomew hasta convertirse en probablemente el horticultor aficionado más influyente no ha sido nada tradicional. Ingeniero civil de profesión y horticultor frustrado los fines de semana, Bartholomew estaba convencido de que la siembra tradicional en hilera suponía una pérdida de energía y rendimiento. Después de que su investigación solo obtuviera respuestas del tipo «sí, pero así lo hemos hecho siempre», Bartholomew condensó el espacio de una hilera, difícil de manejar, en un cuadrado de 1,2 × 1,2 m, mejoró el suelo y ¡ya está!… desarrolló un sistema de horticultura que proporciona el 100 % de la cosecha en un 20 % del espacio.

Los métodos de Bartholomew ganaron popularidad y fuerza con rapidez, pues fueron adoptados por más de un millón de horticultores de todo el mundo. *Square foot gardening* («Horticultura en un pie cuadrado») fue el programa de horticultura mejor valorado de la televisión pública de Estados Unidos desde que en 1981 comenzó su emisión semanal, que se prolongó durante 5 años, para luego dar paso al semanal *Square Foot Show* en el Discovery Network. En 1986, la creación de la Square Foot Gardening Foundation y del programa escolar A Square Garden in the School Garden Programme («Un huerto cuadrado en el programa de huertos escolares») llevó la técnica a unas 3.000 escuelas de ese país.

Conforme fueron llegando los correos y testimonios de miles de horticultores de todo el país, Bartholomew se dio cuenta de que su método adquiría relevancia a escala mundial. Al convertirlo en la «horticultura en 1 m²», aprovechó la oportunidad para llevar los beneficios de su sistema revolucionario a millones de personas con problemas de desnutrición en los países en vías de desarrollo. Sus esfuerzos humanitarios a nivel global, vehiculados a través de los Square Foot International Training Centres en Lehigh (Utah) y Homestead (Florida), se centraron en formar en el método a las organizaciones humanitarias internacionales y a sus líderes. La iniciativa global de Bartholomew se ha extendido desde África hasta Asia, pasando por Sudamérica, con éxitos reconocidos por distintas asociaciones.

La expansión del método continúa por todo el mundo, mientras que, a nivel local, Bartholomew se ha centrado en la presencia de los huertos en el sistema escolar de California. Está decidido a continuar y reforzar los programas e instituciones ya establecidos en su país y en el mundo.

La fundación sin ánimo de lucro de Bartholomew, Square Foot Gardening Foundation, opera desde Eden, Utah.